Thomas Kleine-Brockhoff
Die Welt braucht den Westen

Thomas Kleine-Brockhoff

Die Welt braucht den Westen

Neustart für eine liberale Ordnung

Bibliografische Information der Deutschen Nationalbibliothek

Die Deutsche Nationalbibliothek verzeichnet diese Publikation
in der Deutschen Nationalbibliografie; detaillierte bibliografische
Daten sind im Internet über http://dnb.d-nb.de abrufbar.

© Edition Körber, Hamburg 2019

Umschlag: Groothuis. www.groothuis.de
Herstellung: Das Herstellungsbüro, Hamburg |
www.buch-herstellungsbuero.de
Druck und Bindung: CPI – Clausen & Bosse, Leck
Printed in Germany

ISBN 978-3-89684-275-6

www.edition-koerber.de

Guido Goldman gewidmet,
meinem väterlichen Freund und Förderer

Inhalt

Warum dieses Buch?

Das Wort von der Welt, die aus den Fugen geraten ist, hat sich als Metapher durchgesetzt. Sie beschreibt ein Zeitgefühl, einen Zustand der Verunsicherung. Etwas, das zuvor fest gefügt schien, bröckelt. Nichts hält mehr zusammen. Nicht der Westen, nicht die NATO, nicht das Institutionengebäude der liberalen internationalen Ordnung. Allerorten der Lärm von Abrissbirnen. Sogar am gläsernen Palast der liberalen Demokratie meißeln Populisten und Nationalisten, wollen ihn Stockwerk um Stockwerk abtragen.

Die Erzählung von der Zerstörung, vom Zerfall, vom Kollaps, vom Ende ist nun schon seit ein paar Jahren zu hören und zu lesen. Wortreich wird beschrieben, wie die Abbrucharbeiten vorankommen. Es ist Gegenwartsanalyse als Verlustgeschichte. Ein Klagelied wird angestimmt, ein Lamento über ein Zeitalter, das nun scheinbar zu Ende geht. Der Gestus ist schulterzuckend. Wo die Kräfte der Geschichte walten, kann man ohnehin nichts ausrichten.

Aber das stimmt nicht. Man kann sehr wohl etwas tun. Deshalb habe ich dieses Buch geschrieben. Als Gegengift gegen Kulturpessimismus und Gegenwartsblues. Als Versuch, über Gejammer hinauszukommen. Als Rezeptbuch für die Kräfte der Mitte. Als Mut- und Muntermacher für die Freunde der Freiheit, für die Anhänger von Menschen- und Minderheitenrechten und für all jene, die auf transnationale Probleme transnationale Antworten geben wollen. Denn so viel ist klar: Der vielgescholtene Westen – er wird noch gebraucht. Und mit ihm eine erneuerte, sehr wohl bescheidenere, aber zugleich entschiedenere liberale Ordnung, die das Zusammenleben und das Zusammenarbeiten auf unserem Planeten erleichtern wird.

Ich erinnere mich an drei Situationen, die mir geholfen haben, die Veränderungen unserer Tage besser zu erkennen. Deshalb sind sie für die Entstehung dieses Buches wichtig. Die erste Szene spielt in Berlin, im Schloss Bellevue, dem Amtssitz des Bundespräsidenten, für den ich vier Jahre lang den Planungs- und Redenstab leitete. Von meinem Büro im ovalen Nebengebäude habe ich täglich aufs Schloss geschaut, über den weitläufigen Park hinweg, in dem kaum je ein Mensch zu sehen ist. Das Gelände wirkt manikürt und der Rasen wie mit der Nagelschere geschnitten. Wirbel und politisches Drama erwartet man hier nicht, eher Gediegenheit und inszenierte Staatskunst. Doch im August und September 2015 herrscht hier, wie überall im politischen Berlin, Dauerkonsternation. Jeden Abend sehen wir in den Fernsehnachrichten Kolonnen von Flüchtlingen und Migranten, die, aus Österreich kommend, die deutsche Grenze überqueren; zumeist ohne dass auch nur die Personalien festgestellt oder Fingerabdrücke genommen werden. Der öffentliche Druck wächst, Bundespräsident Joachim

Gauck möge sich äußern und erklären, was hier geschehe und was er davon halte.

Dem Bundespräsidenten ist schnell klar, dass Bundeskanzlerin Merkels »Wir schaffen das« eine erste Annäherung, aber noch nicht die letzte Weisheit sein kann. Er ahnt, dass Merkels menschenrechtliche Unbedingtheit, so sympathisch sie ihm als ehemaligem Bürgerrechtler ist, einer verantwortungsethischen Ergänzung bedarf. Gauck erkennt das übrigens schneller als das Gros seiner Mitarbeiter. Viele von uns sind in jenen Tagen – wie die Mehrheit der Bevölkerung – vor allem eins: beeindruckt und beeinflusst vom Geist der Willkommenskultur. Gauck hingegen prägt jene Sentenz, die Merkel eine Brücke baut in die bescheidenere Welt einer Politik aus realistisch grundierten Idealen: »Wir wollen helfen. Unsere Herzen sind weit. Aber unsere Möglichkeiten, sie sind endlich.«[1]

Es ist mir damals klargeworden, dass nicht einzelne Staaten, und sei es mit den besten Intentionen, die Bürde menschenrechtlicher Verpflichtungen weitgehend allein übernehmen können. Rechte gelten universell. Sie durchzusetzen, obliegt aber den Staaten. Doch was, wenn Entuniversalisierung grassiert? Wenn kaum noch jemand etwas wissen will von gemeinsamen Verpflichtungen? Und wie wäre in Zukunft die Prinzipientreue und der Solidaritätsgeist von Staaten wiederherzustellen? Seit den Monaten der Flüchtlingskrise frage ich mich jedenfalls, wie eine Reform des internationalen Regelwerks für die Aufnahme von Flüchtlingen aussehen müsste, die geeignet wäre zu verhindern, dass wir global die blutig erkauften Lektionen des Zweiten Weltkriegs vergessen – und die gleichzeitig die aufnehmenden Staaten nicht überfordert.

Die zweite Szene spielt in Peking und ist ein Gespräch, das Bundespräsident Joachim Gauck im März 2016 als Staatsgast mit Chinas Staats- und Parteichef Xi Jinping in Peking führt. Als Mitglied der deutschen Delegation nehme ich teil. Die militärischen Ehren samt Abschreiten der Ehrenkompanie und Nationalhymnen sind soeben vorüber – ein seelenloses Schauspiel vor den Stufen zur Großen Halle des Volkes, an dem von Geisterhand leergeräumten und komplett videoüberwachten Platz des Himmlischen Friedens, also genau dort, wo etwas mehr als ein Vierteljahrhundert zuvor die Hoffnung auf Demokratie blutig erstickt worden war. Das Gespräch findet ein paar Meter weiter statt, in einem gewaltigen, beige-braun getäfelten Saal der Großen Halle des Volkes. Die Delegationstische sind so lang, dass man seinen Tischnachbarn selbst mit ausgestrecktem Arm kaum berühren kann.

Bundespräsident Gauck hat sich vorgenommen, etwas zu tun, was nur ein Ostdeutscher tun kann, jemand, der selbst fünfzig Jahre lang unter kommunistischer Herrschaft gelebt und gelitten hat: Er möchte den Staats- und Parteichef in ein Gespräch über ideologische Fragen verwickeln. Wie ernst, will Gauck wissen, ist es Xi mit der Rechtsstaatlichkeit? Immerhin gibt es einen deutschchinesischen Rechtsstaatsdialog und damit verbunden die Hoffnung, China werde die Willkürherrschaft zunehmend durch die Herrschaft des Gesetzes ersetzen. Wenn China sich zu einem Rechtsstaat samt unabhängiger

Justiz entwickele, was werde dann aus dem Primat der kommunistischen Partei, will Gauck wissen.

Xi Jinping mag im Fernsehen etwas steif wirken, im Gespräch ist er wendig und schlagfertig, keineswegs ein Apparatschik der alten Schule. Natürlich hat Xi sofort verstanden, worauf Gauck hinauswill, und kürzt die Sache deshalb auf seine Weise ab. Auf den offenkundigen Widerspruch zwischen Herrschaft der Partei und Herrschaft des Rechts lässt er sich vorsichtshalber nicht ein. Stattdessen fragt er Gauck, ob der eine Ahnung davon habe, was es bedeute, ein Reich von 1,3 Milliarden Menschen zusammenzuhalten. Es folgt ein kleiner Vortrag über die Macht, und zwar die absolute Macht, sowie die Notwendigkeit, sie im Namen der nationalen Einheit einzusetzen.

Wer Xi Jinping in so einem Moment zugehört hat, wird keinen Zweifel mehr daran hegen, wohin China sich unter diesem Partei- und Staatschef entwickelt. Er wird die Hoffnung fahrenlassen, nach der China sich schrittweise liberalisieren und zusätzliche Formen demokratischer Mitwirkung in sein politisches System aufnehmen werde.

Meiner Illusionen über den Weg Chinas beraubt, frage ich mich seit diesem Moment: Was folgt daraus, dass Deutschlands Schicksal durch die Globalisierung mit der Entwicklung Chinas verknüpft ist und der eigene Wohlstand von der Wohlfahrt der weltgrößten Diktatur abhängt? Wird sich diese riesige Diktatur künftig überhaupt irgendwelchen Regeln unterwerfen? Oder wird dieser Koloss nur noch sein Gewicht einsetzen und tun, was er will? Wie willfährig oder wie widerborstig sollten Demokratien sich im Angesicht der Autokratie verhalten?

Xi Jinping hat dazu übrigens einen Kommentar ganz eigener Art abgegeben. Fast genau zwei Jahre nach dem Gespräch mit Bundespräsident Gauck lässt er sich quasi zum Kaiser krönen. Der Nationale Volkskongress hebt die Amtszeitbegrenzung für den Staatspräsidenten auf. Xi kann jetzt lebenslang an der Macht bleiben.

Die dritte Szene spielt in Washington, und zwar in dem Gebäude, in dem einst die deutsche Mission zum Marshallplan untergebracht war, jenem Hilfsprogramm, das Westdeutschlands Weg in die Europäische Integration und in die Atlantische Allianz ebnen half. Heute hat mein gegenwärtiger Arbeitgeber in diesem Gebäude seine Zentrale, der German Marshall Fund of the United States. Anfang 2019 haben wir dorthin eine Gruppe von Transatlantikern eingeladen – Europäer und Amerikaner, Konservative und Linksliberale. Wir wollen über den möglichen Zerfall der Atlantischen Allianz nachdenken, also die denkbar gewordene Entkoppelung westlicher Demokratien voneinander. Wir wollen wissen: Warum würde es zur transatlantischen Scheidung kommen? Wer würde sie betreiben? Wie würde die alternative Zukunft aussehen? Und wie müsste eine neue transatlantische Übereinkunft aussehen, die eine Scheidung vermeiden könnte?

Irgendwann trennen wir die amerikanischen von den europäischen Teilnehmern und lassen sie separat beraten. Worauf sich die Europäer einigen, überrascht die Amerikaner keineswegs: Die Europäer glauben, der amerikanische Präsident Donald Trump sei der größte Treiber der Entkoppelung; er wolle die Entwestlichung im Namen seiner ethnonationalistischen Vision von den Vereinigten

Staaten. Hingegen überrascht die Europäer sehr, was die Amerikaner eint: Sie glauben nämlich, die Europäer entfernten sich im Namen des Traums von Europas strategischer Autonomie von den USA; die wichtigsten Treiber der Entkoppelung seien die Deutschen, die nicht einmal mehr bereit seien, dem grundlegendsten Maßstab von Solidarität in einer Allianz zu genügen, nämlich die verabredeten Verteidigungsbeiträge tatsächlich zu leisten.

Mit dem Finger auf andere zeigen, das ist der Geist der Zeit. Die eigenen Möglichkeiten für begrenzt, die Verpflichtungen der anderen für gewaltig zu halten, das entspricht dem grassierenden Trend zur Selbstviktimisierung – auf beiden Seiten des Atlantiks. Unsere Experten finden am Ende der Beratungen keinen Weg heraus aus diesem Teufelskreis, der nur in die Isolierung führt und in die Unfähigkeit, irgendein internationales Problem gemeinschaftlich zu lösen. Wir trösten uns etwas hilflos damit, dass unsere Gruppe gewiss nicht repräsentativ sei.

Was verbinden nun diese drei Szenen aus Berlin, Peking und Washington miteinander? Sie zeigen schlaglichtartig, unter welchen Stress die Ordnungssysteme unseres internationalen Zusammenlebens geraten sind, seit der Problemdruck durch die Globalisierung und den Aufstieg Chinas zunimmt, während die relative Macht und die Willenskraft der USA als liberaler Hegemon langsam nachlässt. Und sie werfen die Frage auf, was zu tun ist, wenn die Gestaltung der internationalen Ordnung nicht einfach den Autokraten überlassen bleiben soll.

Diese Streitschrift versucht nicht, Antworten auf *alle* Fragen zu geben. Vielmehr möchte sie eine Art des Denkens über internationale Zusammenarbeit vorstellen. Sie möchte Prinzipien entwerfen, die für den Abwehrkampf gegen die Kräfte des Antiliberalismus hilfreich sind.

Das erste Kapitel wendet sich gegen die Vorstellung, der Ära der demokratischen Expansion werde nun quasi unabweisbar ein Zeitalter des Nationalismus folgen. Dabei ist der Westen nicht schon verloren (Kapitel 2), so wenig wie die totgesagte liberale internationale Ordnung (Kapitel 3). Beide können sich sehr wohl neu erfinden. Die Vereinigten Staaten als westliche Vormacht quasi aufzugeben und sich immer weiter abzuwenden, wäre fahrlässig. Denn es ist unabsehbar, sogar unwahrscheinlich, dass Donald Trumps Amtszeit in einen dauerhaften Trumpismus münden wird (Kapitel 4). Allerdings wird die internationale Ordnung nicht so bleiben können, wie sie sich zuletzt entwickelt hat. Seit 1990 hat der Glaube an das heraufziehende demokratische Zeitalter zu liberaler Überdehnung und westlicher Hybris geführt. Das wird nun zu korrigieren sein (Kapitel 5).

Das Prinzip, das Pate stehen sollte bei dieser Reform, heißt robuster Liberalismus. Damit ist ein Denken gemeint, das sehr wohl auf den Prinzipien der Freiheitlichkeit besteht, zugleich aber den demokratischen Bekehrungseifer einhegt und begrenzte Ziele und Normen robust vertritt (Kapitel 6). An drei praktischen Beispielen wird vorgestellt, was diese Variante des demokratischen Liberalismus ist und will: am Schutz von Flüchtlingen (Kapitel 7), an militärischen Interventionen zu humanitären Zwecken (Kapitel 8) sowie am Handel mit der chinesischen Autokratie (Kapitel 9). Und schließlich endet die Streitschrift mit einem Appell, angesichts der anti-liberalen Revolte nicht gleich die Aufklärung aufzugeben und deren politische Summenbildung in Gestalt der liberalen Demokratie zu verraten. Stattdessen gilt es, dafür zu kämpfen, dass die gegenwärtige Krise zu einem neuen Häutungs- und Lernprozess des politischen Westens wird (Kapitel 10).

Die Quellen zu diesem Buch stammen im Wesentlichen aus jenen beiden Ländern, zu deren intellektuellen Ressourcen ich den besten Zugang habe: der Bundesrepublik und den Vereinigten Staaten. Allerdings wird der Blick immer wieder geweitet, hinein in die anderen westlichen Länder, vor allem die europäischen Staaten. Die Europäische Union, wiewohl ein wichtiges Element der westlichen Institutionenbildung nach dem Zweiten Weltkrieg, spielt hier eine nachgeordnete Rolle. Europas Vereinigungskrise und die potenziellen Auswege wären ein eigenes Buch wert.

Auf den folgenden Seiten wird viel vom Liberalismus die Rede sein. Das ist ein schillernder Begriff. Deshalb ein paar Worte zu seiner Definition und Verwendung. Es geht beim Liberalismus hier nicht im engeren Sinne um die politische Richtung, die in Europa für die Begrenzung von Staatsaufgaben und für freies Wirtschaften eintritt. Insofern wird der Begriff des Neoliberalismus nicht verwandt. Auch ist hier nicht *liberalism* im amerikanischen Sinne gemeint, also das Kürzel für die politische Linke, die für staatliche Regulierung und Sozialstaatlichkeit eintritt.

Dreh- und Angelpunkt ist vielmehr der Begriff der »liberalen Demokratie«. Damit ist die Regierungsform gemeint, die vor allem in Nordamerika und Europa, aber auch andernorts verbreitet ist. Es ist üblich geworden, beide Wörter als Kompositum zu benutzen, weil »liberal« qualifiziert, um welche Art der »Demokratie« es sich handelt.

Demokratie beschreibt bekanntermaßen jene Regierungsform, in der das Volk der Souverän ist und sich in freien und fairen Wahlen für seine Repräsentanten entscheidet. Liberal ist eine Demokratie dann, wenn die Regierenden Einschränkungen akzeptieren, sobald sie an der Macht sind. Diese Einschränkungen zielen darauf, die Rechte von Einzelnen und Minderheiten zu schützen und die Rechtsstaatlichkeit zu sichern. Der liberale Kernbestand einer Demokratie findet sich üblicherweise in der Verfassung und wird dort durch die Rede-, Versammlungs-, Religions- und Pressefreiheit, die Gewaltenteilung und das Prinzip der Rechtsstaatlichkeit gesichert.

All das verdient Erwähnung, weil die Verbindung von liberal mit Demokratie keineswegs unauflöslich ist. Ursprünglich waren Demokratien überwiegend nicht liberal. Sie ermöglichten zwar die Volkswahl, waren aber majoritär, weil sie die liberalen Rechte mit Mehrheitsbeschluss aushebeln konnten und es gelegentlich auch taten. Umgekehrt waren liberale Staatswesen nicht notwendig demokratisch, etwa konstitutionelle Monarchien des 19. Jahrhunderts. Neuerdings versuchen Rechtspopulisten, unter dem Begriff der »illiberalen Demokratie« das Mehrheitsdiktat wieder hoffähig zu machen.[2]

Und so geht es auf den folgenden Seiten genau darum: die liberale Demokratie gegen deren Verächter zu verteidigen und zugleich vor den Maximalisten aus den eigenen Reihen zu schützen. In diesem Sinne wird der vorgeschlagene Begriff des »robusten Liberalismus« verwandt.

Außerdem wird hier der Begriff der »liberalen internationalen Ordnung« benutzt, manchmal als »LIO« oder wechselnd und gleichbedeutend als »liberale Ordnung«, »internationale Ordnung« oder »freiheitliche Ordnung« abgekürzt. Gemeint ist damit jenes Gefüge internationaler Zusammenarbeit, also Normen und Regeln, Allianzen und Institutionen, das auf freiheitlichen Grundlagen fußt und in zwei Entwicklungsschritten, nach 1945 und nach 1990, eingeführt wurde und in der Welt Geltung erlangte.

* * *

Ein solches Buch entsteht nicht ohne Hilfe. Ohne geistigen Austausch geht es nicht, auch nicht ohne (vielfache) Ermutigung, ohne Recherchehilfe, ohne Diskussion und die folgende Überarbeitung von Textteilen. Es steckt in diesem Sinne mehr Gruppenarbeit dahinter, als der Buchtitel vermuten lässt. Deshalb möchte ich mich bei allen bedanken, die einen Anteil daran hatten, dass dieses Manuskript seinen Weg bis in den Druck fand.

Da ist zuerst einmal meine Frau Antje Kuchenbecker, die gottlob schon seit Langem meine intellektuelle Sparringspartnerin ist. Sie war es, die mich immer wieder aufforderte: »Schreib das doch mal auf!« Und sie hat auch all die überarbeiteten Versionen ertragen, die immer wieder zu lesen waren. Sodann gilt mein Dank meinem Referenten Henrik von Homeyer, der einen Gutteil der Literaturrecherche übernommen hat. Er hat sich immer tiefer eingedacht in die Kernthese, die seinen eigenen politischen Präferenzen nicht immer entspricht. Das verdient besondere Hochachtung. Und dann sind da meine Kollegen im Berliner Büro des German Marshall Fund of the United States. Sie haben nicht nur meine zeitweilige Unerreichbarkeit ertragen; sie haben vielfach mitgeholfen, dieses Buch zu verbessern. Es ist ein Privileg, in den benachbarten Büros Kolleginnen zu wissen, die mit ihrer Fachkompetenz aushelfen können, wo die eigene nicht ausreicht. Gemeint sind Jessica Bither, Sudha David-Wilp, Emma Gollhardt, Janka Oertel, Sena Staufer, Rachel Tausendfreund, Jan Techau und Astrid Ziebarth. Dank gebührt auch der Edition Körber, insbesondere Bernd Martin, der das Projekt von Anfang an genauso wohlwollend wie professionell begleitet hat.

Schließlich möchte ich meine intellektuellen Lehrer erwähnen, darunter jene, die von dieser Rolle nichts wissen können. Das macht nichts. Geistiger Einfluss kann vermittelt und über lange Dauer stattfinden. Mein Dank ist nicht weniger profund. Nennen möchte ich hier Isaiah Berlin, Marion Gräfin Dönhoff, Joachim Gauck, Michael Ignatieff, Helmut Schmidt, Heinrich August Winkler und, natürlich, Guido Goldman. Ihr Einfluss auf dieses Buch ist jedenfalls erheblich.

1. Wider den neuen Fatalismus

Ein Vierteljahrhundert lang war die Einschätzung verbreitet, die Demokratie habe mit der Zeitenwende von 1990 einen historischen Sieg errungen, der weltweit in ein Zeitalter der liberalen Demokratie münden werde. In westlichen Gesellschaften zählte die selbstgewisse, ja, triumphalistische Erzählung vom unausweichlichen Fortgang der Geschichte zum politischen Katechismus. Wie alle erfolgreichen Narrative erfasste sie wichtige Elemente der Wirklichkeit und übersah dafür andere – oder ließ sie einfach weg. Diese selektive Wahrnehmung sorgte auf dem Marktplatz der Meinungen zunächst für eine gewisse Ordnung. Über die Jahre führte sie aber dazu, dass die Erzählung vom demokratischen Zeitalter ein zunehmend ungeeigneter Rahmen für die Erfassung der Wirklichkeit wurde.[3]

Heute droht eine ähnliche Gefahr: dass der Glaube an einen demokratischen Determinismus vom Glauben an einen populistischen Determinismus abgelöst wird. Dieses Denken sieht den neumächtigen Populismus (in seiner rechtsgewirkten Variante) auf einem nicht zu stoppenden Siegeszug. Der Populismus drohe, das politische

Leben in den entwickelten Industriestaaten auf Jahre, wahrscheinlich Jahrzehnte zu dominieren. In dieser Lesart wurzelt der Populismus in übersehenen oder unterschätzten Kräften, die auf Jahre Wirkung entfalten und die Amtszeiten einzelner Politiker überdauern würden. Deshalb sei auch die mögliche Abwahl von Führungspersonen (etwa US-Präsident Donald Trump) letztlich nicht wirkmächtig, weil ihre Nachfolger ähnlichen Grundströmungen im Wahlvolk ausgesetzt seien. Also quasi vom Ende der Geschichte zum ewigen Populismus.[4]

Außenpolitisch rechnet dieses lineare Denken mit dem Ende des Westens, dem Tod der NATO und dem Zerfall der liberalen internationalen Ordnung. Aus den Vereinigten Staaten sieht diese Denkrichtung auf lange Sicht nichts Gutes kommen, jedenfalls keinen Multilateralismus, keine Bündnisorientierung, keinen Pro-Europäismus. Und sollte die populistische Welle doch irgendwann abebben, sei in den internationalen Beziehungen nichts mehr wie zuvor.

Weil die neuen Fatalisten dem Nationalismus auf Jahre Durchsetzungsmacht zuschreiben, nennen sie jene gern »Nostalgiker«[5] (oder »Dinosaurier« oder »Transatlantiker«), die an der Unausweichlichkeit eines populistischen Zeitalters zweifeln, eher auf die Anpassungs- und Reformfähigkeit der heutigen Ordnung und ihrer Institutionen setzen und deshalb rufen: »Nicht so schnell!«

Wie jedes lineare Denken führt die einfache Fortschreibung von Trends zum Ausblenden gegenläufiger Tendenzen. In der Analyse der neuen Fatalisten taucht kaum auf, dass der Nationalismus überall in den westlichen

Gesellschaften die Opposition, die ihn zu Fall bringen könnte, – wie Antikörper – selbst erzeugt. Krisen des Nationalismus, schon gar nicht sein krachendes Scheitern, besonders das des amtierenden US-Präsidenten Donald Trump – das alles sieht die Kontinuitätsthese nicht vor und damit auch nicht das mögliche Abwenden vieler seiner Wähler. Aus den realen Krisensymptomen der Gegenwart können die Fatalisten nichts anderes ableiten als das Ende des Westens und seiner Ordnung, und das in naher Zukunft. Mit Krisenbewältigung oder einem Übergang zu einem neuen, zeitgemäßen Gleichgewicht in angepassten Strukturen rechnet der linear geprägte Zeitgeist nicht. Damit unterschätzt er die Widerstandsfähigkeit, die Reform- und Wandlungsfähigkeit von Institutionen, die sich aus der Selbstheilungskraft der Demokratie speisen. Und er übersieht, dass der Anpassungsprozess liberaler Ordnungselemente vielerorts längst begonnen hat.

So drehen die Alarmisten die Analysespirale immer weiter und produzieren immer extremere Untergangsphantasien – als sei »Hau den Lukas« ein intellektueller Sport.[6] Es scheint, als wollten die Analysten ihre Irrtümer der Vergangenheit wettmachen. Das Unvermögen, den Brexit, die Wahl Donald Trumps und damit die ganze populistische Welle vorherzusehen, wollen sie nun offenbar überkompensieren, indem sie alles für möglich und den jeweils radikalsten Ausgang für den wahrscheinlichsten halten. Zu beobachten ist ein prognostischer Immerschlimmerismus. Und die populären Sachbücher unserer Tage tragen Titel wie »Über Tyrannei«, »Der Weg in die Unfreiheit« oder auch »Wie Demokratien sterben«.

Weil dramatische Einschätzungen drastische Konsequenzen erfordern, rechnen die Fatalisten mit sich selbst erfüllenden Prophezeiungen. Sie schreiben dem neuen Nationalismus Prägekraft über nicht weniger als ein ganzes Zeitalter zu, statt mit der Verunsicherung und der Prognoseungewissheit zu leben, die die gegenwärtige Übergangszeit mit sich bringt.

In solchen Phasen gilt es, sich nicht der Verführungskraft des Kulturpessimismus zu ergeben. Davor hat der Historiker Fritz Stern bereits vor 40 Jahren gewarnt. Er mahnte, sich nicht in endlosen Jeremiaden über den angeblich bevorstehenden Niedergang des eigenen Landes, des eigenen Kontinents, ja, der ganzen Idee des Westens zu ergehen. Wenn nämlich Kulturpessimismus umschlägt in kulturelle Verzweiflung, so sagt uns Fritz Stern, dann singt so mancher in seiner großen Verstimmung über die Moderne »Rhapsodien der Irrationalität«.[7] Daraus könne leicht eine zerstörerische politische Kraft werden.

Das Menschengeschlecht hat schon immer Transformationsphasen durchlebt – und überwunden. Schon immer wurde es von bedrohlich erscheinenden Veränderungen aus Perioden eines relativ widerspruchsfreien und identitätssicheren Lebens herausgerissen – etwa während der industriellen Revolution oder der kopernikanischen Wende, die einen Grad an Entwurzelung und Entheimatung produzierten, der heute nur noch schwer nachvollziehbar ist.

Phasen von existenzieller Geborgenheit sind weltgeschichtlich nur flüchtige Sequenzen. Eine solche Periode von Stabilität und Selbstgewissheit hat die westliche Welt in den vergangenen Jahrzehnten erlebt – und darüber beinahe schon vergessen, dass, wie Ian Kershaw in seiner großen Geschichte des Nachkriegseuropa schreibt, »Unsicherheit ein Kennzeichen des modernen Lebens« bleiben wird.[8]

In diesem nüchternen Geist will die vorliegende Streitschrift darauf verzichten, ein weiteres Bedrohungsszenario für das fraglos fragil gewordene Gebäude der liberalen internationalen Ordnung vorzulegen. Vielmehr soll es um die Grenzen all der Untergangsszenarien gehen, um die Haltelinien. Die Frage lautet: Was bleibt? Was *muss* bleiben? Was liefert Stabilität im gegenwärtigen Wirbel aus Veränderungen? Wie kann eine Anpassungsstrategie an veränderte Umstände aussehen?

Denn es ist keineswegs ausgemacht, dass der Westen todgeweiht ist. Zwar steht sein normatives Projekt unter Beschuss. Aber zugleich wächst eine neue Verbundenheit mit der alten Idee des politischen Westens heran. Und zwar weil die Alternative so furchteinflößend ist, die von den rechten Kulturrelativisten präsentiert wird: der *civilisation state*[9], der mehr sein will als eine Staatsnation, der eine scheinbar festgefügte Zivilisation umfassen soll und der – in seiner gegenwärtig auf der äußersten Rechten populären Variante – weiß, fremdenfeindlich, religiös intolerant und sich nach außen abschottend ist.

Dabei ist keineswegs schon entschieden, dass die liberale internationale Ordnung gänzlich zerfällt. Zwar leiden die Nachkriegsinstitutionen an Auszehrung. Es mag auch sein, dass es künftig wieder einen Wettbewerb unterschiedlicher Ordnungsmodelle geben wird und die westlich geprägte Teilordnung weniger global, weniger integriert und weniger liberal sein wird. Aber solange die Zahl der Probleme wächst, die nur über Staatsgrenzen hinweg gelöst werden können, bleibt ordnender Multilateralismus die plausible Antwort.

Auch ist keineswegs gewiss, dass Amerika für die Idee eines westlichen Bündnisses und multilateraler Bindungen verloren zu geben wäre. Zwar kann sich die Politik des gegenwärtigen US-Präsidenten auf verbreitete Interventionsmüdigkeit und Globalisierungskritik in der Bevölkerung stützen. Darin liegt aber kein Wählerauftrag zur Zerstörung der NATO und der gesamten liberalen Ordnung.[10] Nicht die Ewigkeitsannahme national-imperialer Außenpolitik sollte den Umgang mit den Vereinigten Staaten prägen, sondern die Erwartung von Erschütterungen, die sich aus dem denkbaren Scheitern dieser Außenpolitik ergeben.

Statt in Selbstmitleid zu baden und die Unabwendbarkeit einer antiliberalen Ära zu beklagen, sollten die Kräfte der demokratischen Mitte besser heute als morgen darangehen, ein Konzept für die Reform der internationalen Zusammenarbeit zu entwickeln. Die Welt braucht dazu den Westen, einen erneuerten Westen. Es gilt, Abschied zu nehmen von der Vorstellung des demokratischen Weltfriedens und den Realitäten einer Welt ins Auge zu schauen, die geprägt ist von Machtkonkurrenz. Ein realistischeres Bild der Wirklichkeit wird es ermöglichen, die Grundlagen internationaler Zusammenarbeit konzeptionell zu überarbeiten. Es gilt, die wichtigsten Herausforderungen zusammenhängend zu betrachten: Sicherheit und Verteidigung, Finanzmarkt und Währungsunion, Freihandel und grenzüberschreitende Steuerpolitik, Migration und Flucht. Mit einer großen und zusammenhängenden Reformanstrengung lässt sich neues Vertrauen für die Idee erwerben, dass gegenseitige Abhängigkeit in der Welt nicht Unsicherheit und Kontrollverlust für den Einzelnen bedeutet, sondern die Fähigkeit, Probleme zu lösen, die sonst unlösbar blieben.

Dieses Konzept zur Erneuerung der freiheitlichen Ordnung hat einen Namen: robuster Liberalismus. Es denkt den Westen neu, indem es sehr wohl auf den Prinzipien der Freiheitlichkeit besteht, zugleich aber die liberale Überdehnung beendet und den demokratischen Bekehrungseifer einhegt. Robuster Liberalismus setzt auf einen Universalismus, der weniger verspricht und mehr hält. Er zieht gerade aus der Selbstbegrenzung sein Selbstbewusstsein und seine Überzeugungskraft. In einem zunehmend spannungsgeladenen Umfeld stattet er sich mit stabilen Institutionen, soliden Regeln und Instrumenten zur Selbstverteidigung aus.

Neonationalismus ist kein Schicksal und muss kein Ewigkeitsphänomen sein. Wer dessen politisches Momentum brechen will, muss aber Alternativen anbieten. Robuster Liberalismus ist diese Alternative. Es ist ein Projekt der Mitte für eine Politik der Mitte. Es verbindet Erneuerung mit Moderation und Bescheidenheit mit Prinzipientreue.

2. Um den Westen kämpfen

Ohne Zweifel befindet sich der Westen in einer Krise.[11] Hie und da wird im Debattengetümmel bereits das Totenglöckchen geläutet. Manche sehen am Horizont schon »die Morgenröte einer anbrechenden Post-West-Ära« aufscheinen, beobachtet Gernot Erler, der frühere Staatsminister im Auswärtigen Amt.[12] Wer den Westen mit seinen gegenwärtigen Institutionen gleichsetzt, dem ist der Endzeitton zu verzeihen, denn der Bedeutungsverlust dieser Institutionen ist schwer zu übersehen.[13]

Nun ist aber schon die Begriffsdefinition Teil langjähriger Deutungskämpfe, und es gibt bis heute verschiedene Vorstellungen vom Westen, weshalb es sich empfiehlt, von Traueranzeigen zunächst abzusehen. Im Gegenteil: Wer genau hinsieht, wird bemerken, dass der Bedeutungsverlust von Institutionen nicht der einzige beobachtbare Trend ist. Denn zugleich hat ein neuer Kampf um den Westen begonnen, um dessen Wesen und Zukunft.

Stark vereinfacht lassen sich vier Definitionen des Westens unterscheiden: Da ist erstens der Westen als Synonym für eine historisch gewachsene Kulturgemeinschaft, die auf christlichem oder jüdisch-christlichem Erbe fußt.

Dann gibt es zweitens eine rassistische Deutung, die den Westen über das Weißsein definiert. Drittens steht der Westen für die moderne Zivilisation, also für die Gemeinschaft der entwickelten und technologisch führenden Länder. Und viertens lässt sich der Westen als eine politische Gemeinschaft liberaler Demokratien beschreiben.[14]

Letztere, also die politische Definition, wurde erst während des Kalten Krieges prägend. Und vollends durchgesetzt hat sie sich (gegen die Konkurrenz der technologischen, der rassistischen und der kulturalistischen Definition) erst nach dem Ende der Sowjetunion.[15] Dieser politische Westen ist nicht eine bloße Staatengemeinschaft, sondern eine Idee, ein normatives Projekt, das auf die Ideenwelt der Aufklärung zurückgeht.[16] Seinen ersten Auftritt hatte der politische Westen während der atlantischen Revolutionen von 1776 und 1789, mit der Grundrechteerklärung von Virginia und der französischen Menschen- und Bürgerrechtserklärung. Der Westen beruht somit auf Prinzipien, die diese Revolutionen etabliert haben: unveräußerliche Menschenrechte, Herrschaft des Rechts, Gewaltenteilung und repräsentative Demokratie. Der Westen – das sind letztlich politische Werte mit universalistischem Kern. Die westlichen Demokratien sind der Versuch einer Institutionalisierung dieser aufklärerischen Grundwerte. Die Institutionen mögen sich wandeln, der Wertekern nicht.

Dieses Verständnis des Westens, wiewohl prägend, stand zugleich immer schon in der Kritik. Da gibt es jene, die unterstellen, der Westen sei im Grunde bis heute nichts anderes als ein exklusiver, andere ausschließender Club. Dabei ist der heutige Westen, auch wenn er von Anrainern des Atlantiks gegründet wurde, gerade keine geografische, sondern eine politische Standortbestimmung. Er ist offen für alle, die seine Werte teilen, leben und schützen. Man findet den Westen überall dort, wo der Schutz der Menschenrechte und die Freiheit des Individuums als Kernelemente der staatlichen Legitimation gelten. Westen beschreibt eine Herkunft, keine Mitgliederbeschränkung. Wer den politischen Westen plausibel kritisieren will, sollte ihm deshalb nicht seine angebliche Geschlossenheit, sondern im Gegenteil gerade seine Offenheit vorhalten. Aus seinem Universalismus lassen sich viel plausibler expansionistische Gelüste konstruieren.

Letztlich haben aber die Anwürfe jener mehr Einfluss, die dem Westen Doppelzüngigkeit vorwerfen. Diese Kritiker behaupten, das Konzept des Westens sei bloß eine in hübsche Worte verpackte Form von Heuchelei. Die wohlklingende Rede von den westlichen Werten sei nichts als eine ideologische Überhöhung egoistischer Interessen atlantischer Nationen.

Es stimmt ja: Widersprüche gibt es, und zwar seit dem 18. Jahrhundert. Thomas Jefferson war (Ko-)Autor jener Menschenrechtsrhetorik, auf die wir uns heute gern berufen; zugleich aber Sklavenhalter. Das Preußen Immanuel Kants war zwar Heimat aufklärerischer Ideen, die Eingang in den westlichen Kanon fanden; zugleich ist Deutschland aber jenes Land, das wie kein anderes Widerstand leistete gegen die politischen Konsequenzen der Aufklärung, gipfelnd in der rassistisch motivierten Massenvernichtung von Juden. Und der Gebrauch der Folter in amerikanischen Gefängnissen und ihre Beschönigung als »verbesserte Verhörtechniken« gehört zu jenen Unentschuldbarkeiten, die den Weg in die gegenwärtige Krise des Westens ebneten.

Ein gewisses Maß an Scheinheiligkeit gehört zu jedem universalistischen Projekt dazu, wie der bulgarische Intellektuelle Ivan Krăstev nachzeichnet. Allerdings hat die antiwestliche Kritik inzwischen Scheinheiligkeit als »Achillesferse der westlich dominierten liberalen Ordnung« ausgemacht.[17] Dass Anspruch und Wirklichkeit auseinanderklaffen, unterscheidet den Westen aber allenfalls von solchen politischen Projekten, die einen Anspruch an sich selbst gar nicht erst formulieren. Wo reiner Machtzynismus regiert, stehen keine universalistischen Ideale, kein Wille zur Wahrheit und kein Bekenntnis zur Selbstkritik im Weg. Das *Projekt* des Westens war von Anfang an auch ein *Prozess* des Westens, eine Zielsetzung und eine Beschreibung des Weges zur Integration aufklärerischer Werte in die Politik. Dieser Anspruch dient als Korrektiv der Regierungspraxis, und das Korrektiv ist entscheidend für den Wert des Anspruchs. Was der Westen beanspruchen darf zu sein, das entscheidet sich im Umgang mit den eigenen Verfehlungen. Zwar wird der Westen ewig unvollendet bleiben. Nicht auszudenken allerdings, gäbe es die Ideale des Westens erst gar nicht.

Nur darf die Abweichung der normativen Prämissen von der politischen Praxis nicht dauerhaft und nicht gravierend sein. Sonst erodiert die Unterstützung in den westlichen Ländern, und die Kulturrelativisten haben neuen Anlass, die Heuchelei-Keule zu schwingen. Die neuen, rechtsgewirkten Relativisten wollen den Westen ohnehin lieber kulturell definieren oder rassistisch, was in der Form ihres offen aggressiven Bekenntnisses eine Art Wiederentdeckung ist. Sie fühlen sich bedroht und überwältigt von einem ausgreifenden Universalismus, der gewisse Rechte allen Menschen und nicht allein Staatsbürgern zuschreibt. Viktor Orbán, Donald Trump, Marine Le Pen, Jarosław Kaczyńskyi, Alice Weidel und ihre Weggefährten wollen den Westen enger und exklusiver definieren. Für sie ist der Westen eine kulturelle Verteidigungsliga, ein Identitätsclub der christlich (und auch jüdisch, so sagen sie) geprägten Nationalstaaten Europas und Nordamerikas, der vor Eindringlingen schützt, seien sie Muslime oder Nichtweiße oder sonst wie Unähnliche.

Pate steht hier Wladimir Putins Russland, das als Vorbild eines europäischen Staates dient, in dem Nation, ethnische Zugehörigkeit, Familie und Christentum scheinbar noch etwas gelten. Gerade weil er sich dem »kulturellen und ideologischen Imperialismus (...) des dekadenten Westens« widersetze, schreibt der amerikanische Konservative Patrick Buchanan, werde Putin »für die Konservativen, Traditionalisten und Nationalisten« zum Helden.[18] Tatsächlich zählt ja seit dem frühen 19. Jahrhundert die Furcht, dass ein angelsächsisch-protestantisches Land von innen und von außen bedroht wird, zu den amerikanischen Denktraditionen. Von innen durch die Emanzipationsbewegung der schwarzen Amerikaner, von außen durch die Ankunft von nichtangelsächsischen, nichtprotestantischen und zuletzt zunehmend nichtweißen Einwanderern. Die erste »America First«-Bewegung der Vereinigten Staaten aus dem Jahre 1940 wollte ja nicht nur den Eintritt in den Krieg verhindern, sie sympathisierte auch mit der Vorstellung der Nationalsozialisten von der Überlegenheit einer weißen, »arischen« Rasse.

In seiner Warschauer Rede (2017) stellt sich Donald Trump in die Denktradition des Kulturwestlertums und ruft dazu auf, »unsere Zivilisation« gegen jene zu verteidigen, die sie »unterminieren« oder »zerstören«. Als Instrument der Verteidigung dieser westlichen Kulturgemeinschaft möchte Trump die NATO in Dienst nehmen – was nicht weniger als eine fundamentale Umdeutung ihres Wesenskerns wäre.[19]

Die jüngste Hervorbringung der Kulturwestler ist Viktor Orbáns Ausrufung der »christlichen Demokratie«[20], mit der er den etwas bedrohlich klingenden Begriff der »illiberalen Demokratie« ersetzen möchte. Hier handelt es sich nicht etwa um die Rückkehr Orbáns in den Heimathafen der klassischen Christdemokratie, sondern um das, was die Amerikaner *dog whistle* nennen: eine versteckte Ansprache seiner Anhänger, die durch Anrufung christlicher Traditionen in Wahrheit Furcht vor einer muslimischen Invasion erzeugen soll.

Auf der Basis solcher Umdeutungen des Westens finden sich dann Donald Trump und Viktor Orbán zusammen. Sie unterhalten sich fachmännisch darüber, ob man lieber von einem »wunderbaren Zaun« oder einer »wunderbaren Mauer« gegen Einwanderer und Flüchtlinge sprechen sollte.[21] Viktor Orbán nennt sich selber den »Kapitän« einer »Grenzburg«[22], von der aus er die »europäische Lebensweise verteidigen« möchte.[23] Menschenrechte, Minderheitenrechte, Pluralismus, Mindeststandards eines demokratischen Konstitutionalismus – das alles hat zurückzustehen, wo die neuen Kulturwestler im Namen einer imaginierten Mehrheit des Volkes, des christlichen Gottes und der Familie agieren.

Den intellektuellen Unterbau für diese atlantische Allianz der Kulturwestler findet man zum Beispiel bei Daniel Pipes und seiner Washingtoner Denkfabrik »Middle East Forum«. Für Pipes sind Vikor Orbán, Marine Le Pen und Matteo Salvini nicht etwa Nationalisten oder gar Rechtsradikale. Sie seien »Zivilisationisten«, die lediglich die westliche Kultur und Lebensweise verteidigten.[24] Ihre politischen Erfolge seien eine »gesunde Antwort« auf die Bedrohung durch »unbegrenzte« Einwanderung und »Islamisierung«. Sie wollten stattdessen Einwanderung kontrollieren, begrenzen oder Einwanderer zurückschicken, insbesondere Muslime und Afrikaner, weil diese »am wenigsten assimilierbar« seien. Die westlichen Zivilisationisten seien gegen die »Islamisierung«, weil die Scharia frauenfeindlich sei und Muslime antisemitische sowie antichristliche Einstellungen hegten. Im Übrigen seien Vorwürfe haltlos, die Zivilisationisten pflegten ihren eigenen Antisemitismus, und zwar schon deshalb, weil Ungarns Orbán oder Italiens Salvini Freunde Israels seien.[25]

Auch den heraufziehenden Kalten Krieg zwischen China und den Vereinigten Staaten versuchen die westlichen Kulturrelativisten als eine Art Kampf der Zivilisationen zu stilisieren. So beschreibt die Planungschefin des US-Außenministeriums, Kiron Skinner, den Konflikt mit der damaligen Sowjetunion als »einen Kampf innerhalb der westlichen Familie«, während die Vereinigten Staaten mit China erstmals »einen Großmachtkonkurrenten haben werden, der nicht kaukasisch ist«. Einmal abgesehen davon, dass Skinner, die selbst schwarz ist, die Weltkriegsschlachten der USA mit Japan vergessen zu haben scheint, wird hier offen der Rassenkampf beschworen. Und zwar aus einer der wichtigsten Denkstuben der amerikanischen Regierung heraus. Das alles im Jahr 2019, also 74 Jahre nach dem Ende eines rassistisch befeuerten Weltkriegs.[26]

Die Idee des Zivilisationsstaates ist die Ausgeburt eines zutiefst illiberalen Denkens, eines chauvinistischen Westlertums. Dieses Denken geht davon aus, dass die Vorstellung universeller Menschenrechte und gemeinsamer demokratischer Standards fehlgeleitet ist. Denn jede Zivilisation benötige eigene Institutionen, die nichts als die eigene spezifische Kultur abbildeten. Der Zivilisationsstaat hat also einen exklusiven Charakter. Er ist weiß. Migranten und Minderheiten passen nicht hinein, weil sie angeblich nicht Teil der Kernzivilisation sind. In diesem Denken äußert sich eine verquere Form der Nostalgie, die eine glorreiche Vergangenheit imaginiert und der Gegenwart vorzieht. »Das Gestern wird mit Fortschritt assoziiert«, schreiben Edoardo Campanella und Marta Dassù, »das Morgen mit Stagnation oder Regression.«[27]

Statt vom Ende des Westens wird also von einem Kampf um die Seele des Westens zu sprechen sein; von einem Kampf zwischen aufklärerischem und kulturellem, zwischen politischem und identitärem Westen, zwischen Universalismus und Kulturrelativismus. Es wäre ein Kampf um die Deutungshoheit über den Begriff des Westens.

Es gehört nicht viel Phantasie dazu, sich vorzustellen, dass diese große Auseinandersetzung um den Wesenskern des politischen Westens nicht nur seine Gegner mobilisiert, sondern vor allem seine Anhänger. Ja, der Westen dürfte unter den Bedingungen dieser Grabenkämpfe sogar neue Freunde finden. Das könnten sogar leicht die Kritiker von gestern sein, nämlich jene, die dem Westen kürzlich noch seine Doppelzüngigkeit vorhielten. Sie wollten ja eigentlich immer schon einen besseren, konsequenteren, prinzipientreueren Westen. Sie waren eigentlich Kritiker von innen und vermissen nun die Rolle des Westens als Mahner. Konfrontiert mit dem Machtgewinn von Nihilismus und Nationalismus, wird diesen Kritikern nicht bloß der normative Anspruch des Westens wie ein Heimathafen vorkommen, sondern plötzlich auch dessen verbesserungswürdige Realität. Es wird nämlich darum gehen, zunächst selbst stärker, überzeugender, konsistenter zu werden und zugleich den Bedürfnissen der Bürger besser zu entsprechen. Es stellt sich heraus: Die Welt braucht den Westen und seine freiheitlichen Ideale.

Indem er herausgefordert wird, kann der politische Westen zum Orientierungspunkt in der Orientierungskrise werden. Längst gibt es dafür Anhaltspunkte: Der Protektionismus von rechts lässt unter alten Globalisierungskritikern neue Freihandelsfreunde heranwachsen, auch unter Gewerkschaftern. Der volksabstimmungsfreundliche Majoritarismus[28] der Populisten produziert unter grünen Graswurzelaktivisten eine neue Verbunden-heit mit der repräsentativen Demokratie. Es ist ja kein Zufall, dass Greta Thunberg, die schwedische Galions-figur der klimapolitischen Schülerproteste, europaweit von dem Slogan begleitet wird: »Make the world Greta again«.[29] Genauso wenig dürfte es Zufall sein, dass gerade in einem jener Staaten, in denen der neue Populismus seinen Ausgang nahm, der Slowakei, sich nun eine macht-volle Bewegung gegen Vetternwirtschaft, Korruption und Kriminalität wendet und damit gegen die Auswüchse des Regierungshandelns von Populisten.[30] Ähnlich sieht es im benachbarten Tschechien aus.

Die Aussicht auf eine hyperrealistische Wolfswelt der Supermächte produziert auch eine neue Verbundenheit mit dem Multilateralismus, gut zu beobachten in Japan, Kanada und Westeuropa. Quasi abgeleitet davon wächst eine neue Hochachtung vor Bündnissen aus *gleichberech-tigten* Partnern und Alliierten heran – in Europa beson-ders während des NATO-Gipfels 2018 in der Abwehr der Angriffe des US-Präsidenten auf das westliche Verteidi-gungsbündnis zu bestaunen. All die Sonntagsreden von der Wertegemeinschaft fühlen sich plötzlich irgendwie wahr und wichtig an. Mitten in der Krise und parallel zu seiner institutionellen Schwächung zeigt sich also eine neue Wertschätzung des politischen Westens.[31]

Denn wer die Idee von universellen Menschenrechten und repräsentativer Demokratie nicht gefährden oder gar aufgeben will, kann sich weiterhin nur auf den Westen als deren wichtigsten Träger berufen. Zur Überwindung der gegenwärtigen Orientierungskrise gehört also, am Begriff des Westens festzuhalten, die Deutungshoheit über den Begriff nicht aufzugeben und seine moderne, universalistische Variante selbstbewusst zu vertreten. Der nächste Schritt wird sein, die Rückbesinnung auf die Grundlagen des politischen Westens politisch wirksam zu machen.

3. Die freiheitliche Weltordnung erneuern

Neben dem Westen gilt den Fatalisten zugleich die liberale internationale Ordnung (LIO) als moribund. Und es stimmt ja: Es ist eine große Krise, die das Gebilde aus Normen und Regeln, Allianzen und Institutionen erschüttert, das – eng verwandt mit dem Konzept des Westens und zuletzt zunehmend an dessen demokratischen Prinzipien orientiert – für Stabilität in den internationalen Beziehungen gesorgt hat, jahrzehntelang.[32]

Aber wer sich in Klageliedern über den Niedergang ergeht, wer sich auf die Entdeckung immer neuer Zerfallssymptome konzentriert, der übersieht leicht Elemente von Dauerhaftigkeit und von fortbestehenden Interessen an multilateraler Zusammenarbeit. Angesichts des Drucks durch die Kräfte des neuen Nationalismus ist es so leicht wie verständlich, die Widerstandskraft und die Anpassungsfähigkeit der existierenden Ordnung zu unterschätzen.

Die LIO hat verschiedene Entwicklungsstufen durchlaufen und ist zuletzt in vier Bereichen prägend gewesen: (1) Sie strebt eine zunehmend offene internationale

Ökonomie an, beginnend 1944 mit den Bretton-Woods-Institutionen[33] und vorläufig endend mit der Welthandelsorganisation; (2) sie schafft Sicherheit durch Regeln, Institutionen und Allianzen, beginnend mit den Vereinten Nationen samt Sicherheitsrat. Das Nichtverbreitungsabkommen für Atomwaffen war ein Meilenstein, ebenso die Gründung und jahrzehntelange Unterhaltung des Nordatlantischen Verteidigungsbündnisses; (3) sie etabliert unveräußerliche Menschenrechte, in der UN-Charta ebenso wie in der Menschenrechtserklärung der Vereinten Nationen; (4) sie will den Umgang mit der globalen Allmende regeln, dem Allgemeinbesitz. Damit ist die Freiheit der Meere gemeint, aber auch der Weltraum, der Meeresboden, die Arktis und die Antarktis. In diesen Bereich fallen der Klimaschutz sowie diverse andere Abkommen zum Schutz der Umwelt.

Es handelt sich um eine Ordnung mit mehreren Ebenen. Nationale, regionale und globale Elemente sind miteinander verwoben und wirken aufeinander ein. Ländergruppen und Allianzen verstehen sich als Teilhaber und Stabilisatoren dieser Ordnung. Die amerikanische Supermacht ist als liberaler und wohlmeinender Hegemon ihr Rückversicherer. Der Politikwissenschaftler Hanns W. Maull versteht die Fortentwicklung dieser Ordnung als einen Prozess der Zivilisierung und Verrechtlichung von internationaler Politik.[34] Die liberale Ordnung bietet souveränen Staaten die Möglichkeit, für das gemeinsame Wohl und zum gegenseitigen Schutz innerhalb eines regelbasierten Raumes global zu kooperieren. Das gilt nicht nur für demokratisch regierte Staaten.

In Europa dient die Europäische Union als regionaler Anker dieser weltweiten Schutzgemeinschaft. Sie gewährleistet das Zusammenleben der europäischen Staaten im Geist der liberalen Werte und hilft dabei, Prinzipien guter Weltbürgerschaft regional durchzusetzen. Für kleine und mittelgroße Länder ist diese Ordnung besonders wichtig und besonders vorteilhaft. Denn in keinem alternativen Ordnungsmodell können sie einen derartigen Einfluss gewinnen.

Seit Jahren schon stört die Rückkehr aller möglichen »dunklen Kräfte« das Bild vom Prozess der Zivilisierung der internationalen Politik: der Aufstieg von Nationalismus und Tribalismus, die Popularität des starken Mannes als Staatenlenker, der Protektionismus, der Majoritarismus und der Opferkult des Rechtspopulismus, das Denken in Einflusszonen, der historische und territoriale Revisionismus. Der Paradigmenwechsel, der sich im Aufstieg des Antiinternationalismus zeigt, kann naturgemäß nicht ohne Einfluss auf die Durchsetzungsmacht der LIO bleiben. Wenn der Kompromiss als Intrige globaler Eliten denunziert wird, dann schwindet der Handlungsspielraum. Ohne Zweifel steckt die liberale internationale Ordnung in einer Rezession; sie leidet an einer Vertrauenskrise und an Aushöhlungstendenzen, die ihre Autorität, Legitimität und Effektivität einschränken. Und sie erlebt eine Attacke von jenen, die ihr ohnehin nie wohlgesonnen waren.

Das muss aber nicht gleich bedeuten, dass die Welt völliger Regel- und Ordnungslosigkeit zustrebt. Anarchie im Weltmaßstab ist keineswegs unausweichlich. Allzu leicht ist die Veränderung der Spielregeln als das Ende aller Spielregeln misszudeuten. Die internationale Ordnung hat sich seit ihrer Entstehung nach dem Zweiten Weltkrieg vielfach gehäutet und fortentwickelt. Sie ist ein flexibles Gebilde und kann nun ihre Anpassungsfähigkeit einmal mehr beweisen.

Wahrscheinlich ist die »Rückkehr von langfristiger strategischer Rivalität«, wie sie die jüngste Nationale Sicherheitsstrategie der Vereinigten Staaten[35] beschreibt, jene Veränderung, mit der die internationale Ordnung noch am ehesten umgehen kann. Besonders das aufsteigende China und, in zweiter Linie, das absteigende Russland stoßen in das Machtvakuum vor, das die Vereinigten Staaten hinterlassen. Beide Länder zielen auf einen autoritären Gegenentwurf zur liberalen internationalen Ordnung, der sich rund um die Großmächte organisiert. Beide Länder wollen Partnern keineswegs gleichberechtigt begegnen und sie auch nicht horizontal – auf Augenhöhe – in ihr Ordnungssystem integrieren, sondern vertikal, entlang von Machthierarchien. So können beide Großmächte ihre Nachbarn in die Gefolgschaft zwingen. Die liberale Ordnung nutzen sie, wo es von Vorteil ist. Deren Regeln befolgen sie, wie es ihnen passt, quasi à la carte. Oder sie gründen eigene Ad-hoc-Gruppierungen, Bündnisse und Institutionen, mit dem Ziel, selber internationale Strahlkraft zu erzeugen. Die Astana-Gruppe zur Lösung des Syrienkonflikts, die Asiatische Infrastruktur Investmentbank und die Shanghaier Organisation für Zusammenarbeit sind Beispiele für diesen Trend, der eines Tages als Beginn eines Aufbaus alternativer Ordnungsstrukturen gesehen werden könnte.

Der Aufstieg postwestlicher Ordnungselemente bedeutet aber keineswegs automatisch das Ende der liberalen internationalen Ordnung. Womöglich belebt Konkurrenz sogar das Geschäft. Denn Gegenentwürfe zur existierenden Ordnung sind nichts Neues. Im Gegenteil: Schon als sie nach dem Zweiten Weltkrieg erfunden wurde, erwuchs ihr im Kommunismus ein Gegenentwurf, und zwar einer, der gleichfalls einen universalistischen Anspruch erhob. Eher war die Existenz dieses Gegenentwurfs einer der Gründe für den Zusammenhalt der westlichen Länder und Teil ihrer eigenen Strahlkraft. Und umgekehrt hatten der Zusammenbruch der Sowjetunion und die Entzauberung des kommunistischen Ideals zur Folge, dass in den westlichen Ländern der Anreiz zu solidarischem Verhalten schwand. So gesehen dürfte der neuerliche Aufstieg antiwestlicher und antifreiheitlicher Ordnungsmodelle solidarisierende Nebeneffekte haben: das Wachstum von Antikörpern in den Gesellschaften der demokratischen Länder könnte sich beschleunigen.

Die Demokratien werden allerdings hinnehmen müssen, dass ihr liberales Modell in einer Multi-Ordnungswelt eine begrenzte Reichweite hat und nur *international*, nicht aber *global* wirksam sein wird. Die »Eine Welt«-Vorstellung aus den Jahren der Zeitenwende von 1990, sie ist ausgeträumt. Die Universalisierung einer westlich inspirierten Ordnung dürfte es auf absehbare Zeit nicht geben.

Problematischer als die künftige Reichweitenbegrenzung der liberalen Ordnung ist die Erosion ihrer Wertegrundlagen innerhalb der westlichen Demokratien. Wenn Teilen der Bevölkerung die UNO als Quatschbude, internationale Zusammenarbeit als Verrat und Bündnisse als Last gelten, dann bleibt als Problemlöser nur noch die Nation. Und die wird – jedenfalls in dieser Gedankenwelt – geführt von einem starken Mann, der die Ketten der Gewaltenteilung abgeworfen hat. Dies wäre die Umwertung aller Lehren, die einst aus den Verwirrungen und Verheerungen des 20. Jahrhunderts gezogen wurden. Darin liegt die eigentliche Gefahr unserer Zeit.

Und trotzdem ist die liberale internationale Ordnung auch dadurch nicht zwangsläufig todgeweiht. Denn ihr Überleben setzt nicht voraus, dass alle ihre Teilhaber Demokratien sind – oder bleiben. Die beiden Ideengeschichtler und Politikwissenschaftler Dan Deudney und John Ikenberry[36] erinnern zu Recht daran, dass die Staaten des Warschauer Paktes auch während des Kalten Krieges ein Interesse an internationaler Zusammenarbeit im Rahmen der westlich inspirierten Ordnung hatten: an der gemeinsamen Bekämpfung von Epidemien, an Rüstungskontrolle sowie an Artenschutz. 1987, als ihr Ende noch nicht abzusehen war, unterzeichnete die Sowjetunion zum Beispiel das multilaterale Montreal-Protokoll über Stoffe, die zu einem Abbau der Ozonschicht führen. Unterzeichner des Abkommens, eines Meilensteins des Umweltvölkerrechts, waren Demokratien und Diktaturen gleichermaßen.

Die Anpassungsfähigkeit der LIO ist eine Folge ihrer Herkunft. In ihrer liberalen Version ist sie ein Kind des unipolaren Moments. Wirklich liberal, also den Prinzipien der liberalen Demokratie folgend, wurde sie nämlich erst nach dem Zusammenbruch der Sowjetunion 1990. Sie baut aber, und zwar seit 1945, auf der Westfälischen Ordnung auf, die in der Souveränität von Nationalstaaten ihr wichtigstes Prinzip fand. Liberale Prinzipien lösten nicht etwa »westfälische« Prinzipien ab, sondern sie überlagerten einander, manchmal in spannungsreicher Weise.[37]

Durch den Trend zur Renationalisierung werden nun die liberalen Anteile reduziert. Die Weltordnung der Zukunft wird vermutlich stärker regelbasiert denn liberal sein. Gut möglich, dass liberale und illiberale Werte im Ordnungsgefüge der Zukunft koexistieren werden. In diesem vielstimmigen Chor dürfte es zu Konflikten und vielfacher Mediation kommen. Die Reichweite der internationalen Ordnung der Zukunft dürfte begrenzter, ihre Integrationskraft und Regelungstiefe geringer sowie ihr Regelungsnetz weitmaschiger sein. Wahrscheinlich werden die Absprachen informeller sein als heute und weniger von Institutionen geprägt. Die verschiedensten mini-, pluri- und multilateralen Formate könnten gleichzeitig existieren. Es ist auch nicht auszuschließen, dass sich zugleich ein paar liberale Vorreiter untereinander auf eine dichtere und tiefere Ordnung verständigen werden.[38]

Dass die LIO wieder westfälischer wird, dürfte den Souveränisten die multilaterale Zusammenarbeit eher erleichtern. Denn solange die Zahl der Herausforderungen wächst, die nur über Staatsgrenzen hinweg gelöst werden können, bleibt auch für sie die ordnende Hand des Multilateralismus die plausible Antwort. Regelungsfreie oder -arme Zonen wie der Meeresgrund, der Cyberspace oder das Weltall erzeugen potenziell wechselseitige Abhängigkeit und machen auch Realisten zu Internationalisten.

Starke Nationalstaaten können und werden die LIO weiterhin prägen.

Bleibt der wichtigste verunsichernde Faktor: die Rolle des wohlmeinenden Hegemonen als Garant der Ordnung. Bis vor kurzem galt als unbestritten, dass die Vereinigten Staaten sich auf Dauer für die internationale Ordnung verbürgen würden, weil sie selbst so unverkennbar Vorteile aus deren Existenz ziehen. Die Verknüpfung von globalen Normen[39] mit eigenen Präferenzen und eigenen Allianzsystemen[40] half den USA seit dem Zweiten Weltkrieg, die eigene Vorherrschaft zu sichern. Doch Präsident Donald Trump sieht das alles anders. Er hat eine radikale Position gegenüber der internationalen Ordnung entwickelt: Sie ist ihm nicht nur gleichgültig; er will sie aktiv zerstören[41], weil er Allianzen und multilaterale Institutionen aller Art nicht als potenzielle Kraftverstärker für die USA versteht, sondern als Last.[42] Er sieht in Alliierten keinerlei Legitimitätszugewinn, oder sie sind ihm gleichgültig. Vielmehr sieht er den effektivsten Mitteleinsatz für die Vereinigten Staaten darin, in einem Konzert der Großmächte zu agieren. Jede dieser Großmächte beherrscht und pflegt eine Einflusssphäre. Dies ist eine dramatische Neudefinition der nationalen Interessen der USA. Sie würde, falls sie sich durchsetzt, die Verwandlung von einer multilateralen in eine potenziell imperial orientierte Macht zur Folge haben.

Nun fragt sich, ob es Donald Trump gelingen kann, zu verwirklichen, was er sich vorgenommen hat, oder ob er als Möchtegernzerstörer der Weltordnung aus dem Amt scheiden wird. Bisher haben sich die Vereinigten Staaten

unter Trumps Führung nach Kräften bemüht zu kritisieren, zu unterminieren oder zu verlassen, was eine Abkür-
zung trägt und nach multilateraler und institutioneller
Bindung riecht: TPP, NAFTA, TTIP, WTO, UNO, UNESCO,
UNFCCC, UNHRC, ICC, NATO, JCPOA, ATT. Donald Trump
hat sogar die Europäische Union wegen ihres Prinzips der
Souveränitätsteilung angegriffen, obwohl niemand vorgeschlagen hatte, die Vereinigten Staaten sollten auch
noch in diese Institution eingebunden werden. Und die
Generalversammlung der Vereinten Nationen nutzte der
US-Präsident bei seinem Besuch im September 2018 zu ei-
ner Art Generalattacke auf die Weltorganisation. In seiner
Rede setzte Donald Trump »Global Governance«, also die
Mechanismen weltweiter Kooperation, mit ausländischer
»Kontrolle« und »Fremdherrschaft« gleich.[43] Den Nationen
der Welt empfahl Trump Nationalismus nach amerikani-
schem Vorbild als Problemlöser für grenzüberschreitende
Probleme.

Das bemerkenswerte Ergebnis nach all den Attacken
und Austritten ist: Die liberale internationale Ordnung
erweist sich als erstaunlich belastbar. Das Geflecht der
Institutionen, Verträge und Allianzen ist zwar beschädigt,
aber es ist komplex, besteht aus vielen Elementen, hat
viele Nutznießer und deshalb viele Unterstützer. Zwar ist
der amerikanische Präsident nicht der einzige Mächtige
dieser Welt, der dem verführerischen Zauber des Nationalismus erlegen ist; aber er ist doch der Einzige, der
einen derartigen Zerstörungswillen hinsichtlich der liberalen Ordnung an den Tag legt. Nicht einmal seine Gesin-
nungsbrüder und -schwestern in den illiberal regierten

Ländern tun es ihm gleich. Es zeigt sich, dass die Ordnung widerstandsfähig und gar nicht so leicht zu zerstören ist. Allerdings darf man sich auch nichts vormachen: Es ist eine abschüssige Bahn, auf der sich die liberale internationale Ordnung befindet. Sie befindet sich, wie es der Politikwissenschaftler Hanns W. Maull feinsinnig ausdrückt, in einem risikoreichen Stadium »beschleunigter Transformation«.[44]

Ein wichtiger Grund, die LIO zu bauen, war die wachsende wechselseitige Abhängigkeit, die Zusammenarbeit über Grenzen hinweg erforderte. Dieser Grund ist heute nicht weniger überzeugend als vor Jahrzehnten. Und deshalb haben wichtige Teilhaber und Nutznießer der Ordnung zu systemerhaltenden Maßnahmen gegriffen: Nicht nur wird praktisch jeder Austritt der Vereinigten Staaten von einer Erklärung einer Vielzahl anderer Staaten begleitet, das institutionelle Arrangement erhalten zu wollen. So geschah es nach dem Austritt der USA aus dem Pariser Klimaabkommen wie dem Iran-Deal.[45] Nach dem US-Rückzug aus der neu verhandelten Transpazifischen Partnerschaft entschlossen sich alle anderen Partner, den Vertrag trotzdem zu ratifizieren[46] – auch in der Hoffnung, dass die Vereinigten Staaten später an Bord kommen könnten. Unter den wichtigen Demokratien gibt es nun Überlegungen, eine »Allianz der Multilateralisten« zu gründen, wie es der deutsche Außenminister im Sommer 2018 seinem japanischen Amtskollegen vorschlug.[47]

Die demagogische Verunglimpfung von Institutionen reicht also bisher so wenig aus, das System vollständig zu zerstören, wie der Austritt der USA aus diversen ihrer

Unterorganisationen und Vertragspartnerschaften. Anderseits fragt man sich: Wie lange wird die freiheitliche Ordnung ohne aktive liberale Vormacht und die Welt mit weniger Ordnung auskommen können, wenn unter den Bedingungen eines unverbindlichen Internationalismus die Zahl kriegerischer Konflikte zunimmt, sowohl zwischen Staaten wie innerhalb von Staaten? Wie lange kann das gutgehen? Jake Sullivan, unter US-Außenministerin Hillary Clinton Planungschef im Außenministerium, geht davon aus, dass die Ordnung »amerikanische Abwesenheit zeitweise überleben« könne, eine »dauerhafte Abwendung« aber nicht.[48] Die liberale Ordnung ohne wohlmeinenden Hegemonen aufrechtzuerhalten, ist jedenfalls ein neuartiger Feldversuch globaler Ordnungspolitik. Vieles wird davon abhängen, wie lange er dauern wird.

4. Amerika nicht verloren geben

Als »falscher Freund« gilt ein Wort aus einer Fremdsprache, das einem Begriff aus der eigenen Sprache gestaltlich stark ähnelt, tatsächlich aber etwas gänzlich anderes bezeichnet. Wer etwa das deutsche Gymnasium mit dem englischen *gymnasium* gleichsetzt, wird überrascht sein festzustellen, dass es sich nicht um eine Schule, sondern eine Sporthalle handelt. Genauso wird es demjenigen ergehen, der von einem englischem *closet* dasselbe erwartet wie von einem deutschen Klosett. Ein falscher Freund erzeugt also Verwechslungsgefahr und führt in die Irre.

So ein falscher Freund geistert seit einiger Zeit durch die außenpolitische Debatte. Es ist die Annahme, dass Donald Trumps Außenpolitik seine Präsidentschaft überdauern und zur Blaupause der US-Außenpolitik werde, da Trump tief verwurzelten Mentalitäten und Präferenzen der Wähler Ausdruck verleihe. Er führe lediglich den Prozess des Rückzugs aus Europa und der Welt fort, den bereits Präsident Barack Obama eingeleitet habe. Trump sei nicht Grund, sondern Symptom der Veränderung. Deshalb könne niemand absehen, ob und wann die nationalistisch getränkte Selbstisolierung der Vereinigten Staaten enden werde.[49]

Wie bei falschen Freunden üblich leitet sich das Kontinuitätsargument aus der Ähnlichkeit der Phänomene ab. Nach dem Motto: Was gleich aussieht, muss auch gleich sein. Und tatsächlich sind Ähnlichkeiten schwer zu übersehen. Zum Beispiel kann für die Einsicht in die amerikanische Überdehnung nicht erst Donald Trump Urheberschaft reklamieren. Die Abwendung vom Interventionismus begann auch schon vor seiner Amtszeit, ebenso die Kritik am Freihandel oder an trittbrettfahrenden NATO-Verbündeten. Dass die USA Europa gut 70 Jahre nach Ende des Zweiten Weltkriegs immer noch Sicherheitsgarantien geben muss, ist in den Weiten des amerikanischen Kernlandes schon seit längerem erklärungsbedürftig.

Diese Argumentationskette hat viele Freunde, auch innerhalb der Vereinigten Statten. Jenen, die Präsident Trump unterstützen, dient der Nachweis außenpolitischer Kontinuitäten dazu darzulegen, dass Donald Trump in Wahrheit kein Revolutionär sei, sondern in bewährter Tradition stehe.[50]

In Europa, vor allem in Deutschland, verschreiben sich besonders die sogenannten »Post-Atlantiker« der fatalistischen Ewigkeitsannahme eines Trump'schen Nationalismus. Das sind jene, die sich selbst als Atlantiker sehen, sich aber alleingelassen fühlen – alleingelassen von den USA. Sie gehen davon aus, dass sich die Vereinigten Staaten über Donald Trump hinaus dauerhaft von Europa, der Bündnisverteidigung in der Atlantischen Allianz und von der Verteidigung demokratischer Normen verabschiedet haben und wollen deshalb »über eine neue Außenpolitik nach dem Atlantizismus nachdenken«.[51]

Im Dezember 2017 hat sich auch der damals amtierende deutsche Außenminister Sigmar Gabriel dieser Gruppe zugesellt, als er in einer Rede bei der Körber-Stiftung die »unbequeme Welt« der Zukunft beschrieb und sagte: »Der US-Rückzug geht nicht auf die Politik eines einzelnen Präsidenten zurück. Er wird sich auch nach der nächsten Wahl nicht grundlegend ändern.«[52] Ähnlich sieht es sein Amtsnachfolger Heiko Maas, der seine USA-Strategie im August 2018 mit der Annahme unterfütterte, die Veränderungen amerikanischer Außenpolitik hätten »weit vor der Wahl Trumps begonnen – und werden seine Präsidentschaft absehbar überdauern«.[53]

Die Linear-Theoretiker konzentrieren sich damit auf den analytischen Ausgangspunkt, der bei Trump und Obama ähnlich ist, nämlich die amerikanische Überdehnung. Sie verzichten aber weitgehend darauf, die Elemente von Kontinuität gegen die Brüche zu gewichten. Sie blenden fast gänzlich aus, was besonders wichtig ist: das strategische Ziel des amerikanischen Handelns. Dabei zeigen sich dramatische Unterschiede zwischen beiden Präsidentschaften. Das Ziel von Donald Trumps Außenpolitik ist die Zerstörung der liberalen Ordnung zugunsten einer Welt machtbasierter Großmächtekonkurrenz. Dagegen war das Ziel von Barack Obamas dosiertem Rückzug geradezu das Gegenteil: der Erhalt der liberalen Ordnung mit verringertem US-Engagement.[54] Obama erkannte Alliierte als Kraftverstärker, Trump sieht sie als Belastung.

Die Linear-Theoretiker übersehen diese Kategorienverschiebung. Während sie sich auf phänotypische Ähnlichkeiten amerikanischer Außenpolitik über Amtszeiten hinweg konzentrieren, ignorieren sie die genotypischen Unterschiede. Gerade für die strategische Ausrichtung von Bündnispartnern ist aber der Genotypus entscheidend.

Wer als Regierungschef direkt mit Donald Trump zu tun hat, spürt den Unterschied intuitiv – und weiß zunächst nicht, wie darauf zu reagieren ist. Gerade weil sich die europäischen Staaten als *gleichberechtigte* Verbündete sehen, sind sie so verwundbar durch Trumps Anwürfe, Herabsetzungen und Beleidigungen. Beim NATO-Gipfel im Juni 2018 verhielten sich die europäischen Regierungschefs wie Geiseln, die unter dem Stockholm-Syndrom litten.[55] Sie freuten sich, dass Trump nur ein paar Mal und nicht so heftig dreinschlug, und äußerten sogar Verständnis dafür, dass er es tat. Geradezu unterwürfig erklärten einige von ihnen, dass die Erhöhungen in den Verteidigungsbudgets Trumps segensreichem Druck zuzuschreiben seien.[56] Hatten sie vergessen, dass ihre eigenen Verteidigungsausgaben schon vor der Amtseinführung Donald Trumps stiegen, weil sich Europas strategische Lage seit der russischen Annexion der Krim und der Intervention in der Ostukraine verändert hatte?

Trumps Außenpolitik kennt eben nicht »Freunde und Feinde«, sondern – wie Ivan Krăstev treffend schreibt – »Fans und Feinde«.[57] Wer kein Feind ist, ist Vasall, Lakai, ein Teil der Fan-Basis. Der Regierungschef so eines Klientelstaates ist ein Schmeichler. Für so ein Weichei kennt das Trump'sche Weltbild die Trillerpfeife als Erziehungsinstrument.

Anders als seine Vorgänger beutet Präsident Trump Machtunterschiede skrupellos aus. Er sucht keine Bündnispartner, sondern Handlanger. Institutionen und ihre Regeln sind für ihn Handschellen. Nur andere Großmächte sieht er als gleichberechtigt an. Mit denen will er bilaterale Deals (wie mit Russland) eingehen oder sucht mit ihnen den Konflikt (wie mit China). Isolationismus, wie oft zu lesen, ist das nicht. Schon eher die ersten Schritte auf dem Weg in den Imperialismus. Es wäre, wie Politikberater Robert Kagan schreibt, die Verwandlung eines wohlwollenden Hegemonen in eine »Schurken-Großmacht«[58], die keine Wertebindung jenseits des Auftrags von nationaler Macht und Größe akzeptiert.

Wer annimmt, dass imperiales Gehabe das neue Verhaltensmuster künftiger US-Präsidenten ist, wird – Selbstrespekt und Sinn für nationale Souveränität unterstellend – Konsequenzen ziehen wollen. Er wird einen Abgrenzungs- und Abwendungsdiskurs ankurbeln und womöglich den Schluss ziehen, sein Land und ganz Europa müsse sich schleunigst strategisch umorientieren oder doch zumindest ein neues, differenzierendes und distanzierteres Verhältnis zu den Vereinigten Staaten schaffen. Er wird »Gegengewichte« bilden und »rote Linien« definieren wollen – so wie Bundesaußenminister Heiko Maas in seiner USA-Strategie für Deutschland.[59]

Die Kontinuitätsannahme amerikanischer Außenpolitik ist also kein beliebiges analytisches Konstrukt der außenpolitischen Interpretationsindustrie. Es kann – falls es sich durchsetzt – eine Denkfigur mit erheblichen strategischen Folgen sein. Und zwar fragwürdigen, sofern es sich als analytisch fehlgeleitet herausstellen sollte. Dann würden strategische Konsequenzen auf angreifbaren Ableitungen fußen.

Dass die Kontinuitätsthese zweifelhaft ist, darf schon heute unterstellt werden: Sie ignoriert nämlich nicht nur den fundamentalen Bruch zwischen Obamas und Trumps Außenpolitik. Sie unterschätzt auch, wie neuartig, wie einzigartig, wie radikal Trumps Definition amerikanischer Interessen ist und wie weit er sich damit außerhalb des politischen Mainstreams seines Landes bewegt. Sie erhebt stattdessen Extremismus zur neuen Natur amerikanischer Politik. Sie übersieht, wie weit sich Donald Trump damit von der realen Kritik vieler Wähler an amerikanischer Weltmachtüberdehnung entfernt, und nimmt an, auf diese Kritik könne es auf Dauer nur eine Antwort geben, den Trumpismus. Sie unterschlägt die polyzentrische Struktur US-amerikanischer Außenpolitik, indem sie voraussetzt, dass sich Trump mit seiner umstrittenen Politik durchsetzen wird. Und sie ignoriert schließlich die Gegenkräfte, die Trumps Extremismus ja gerade hervorruft oder sichtbar stärkt.

Die US-Außenpolitik lässt sich eben nicht als Extrapolation einer Geraden in die Zukunft hinein verstehen, weil Trump für den imperialen Gestus seines Gefolgschaftsdenkens im Inland die Gefolgschaft fehlt und er damit weit außerhalb der amerikanischen Denktradition steht. Vielmehr ist die Kontinuitätsthese Ausdruck eines neuen Fatalismus gegenüber Amerika.

In Wahrheit war die Zukunft amerikanischer Außenpolitik selten ungewisser. Niemand kann genau sagen, was geschehen wird, wenn die USA aus dem Abenteuer namens Trump wie aus einem bösen Traum erwachen werden. Eines ist aber schon jetzt absehbar: Sollte weiterhin relevant sein, was Analytiker der Machtpolitik von Niccolò Macchiavelli bis Henry Kissinger über Jahrhunderte gelehrt haben, wird Trumps Nachfolger es zunächst mit den Misserfolgen, vielleicht dem Scheitern von dessen Außenpolitik zu tun haben.

Präsident Trump begeht mindestens vier Kardinalfehler. Erstens missversteht er die Absichten seiner Gegner wie seiner Alliierten und Partner; er interessiert sich nicht einmal erkennbar dafür und kommt so zu einer zweifelhaften Lageanalyse. Zweitens überschätzt er die Fähigkeit der Vereinigten Staaten, anderen ihren Willen aufzuzwingen. Drittens unterschätzt er die Möglichkeiten von Gegnern, Alliierten und Partnern, sich amerikanischem Druck zu entziehen oder sich gegen die Vereinigten Staaten zusammenzutun. Und viertens verkennt er die Bedeutung von Allianzen gleichberechtigter Staaten als Kraftverstärker eigener Absichten. Diese Fehleinschätzungen werden Trump unweigerlich zu einem ineffektiven Einsatz von Machtmitteln führen. »Rowdys«, schreibt Harvard-Professor Stephen M. Walt, »gewinnen nicht in der Diplomatie.«[60]

Nationalstaaten setzen ihre Überzeugungskraft und ihre Macht ein, damit andere Nationalstaaten ihnen folgen, und tun, was sie selbst für richtig halten. Zwar dürften in Trumps Fall Druck und Drohungen aufgrund der schieren Macht der USA zunächst Erfolg haben. Niemand will leichtfertig den Zorn der Supermacht und ihres Präsidenten auf sich ziehen. Aber die Bereitschaft, den Vereinigten Staaten zu folgen, wird sogar bei engen Verbündeten abnehmen. Je stärker amerikanische Macht als repressiv empfunden wird, desto stärker wird die Bereitschaft wachsen, sich dem Druck zu entziehen oder Gegenmaßnahmen zu ergreifen.

Normalerweise müsste es jede Großmacht beunruhigen, wenn sich Verbündete mit Herausforderern und Gegnern zusammenschließen, um die eigenen Intentionen zu unterlaufen und die eigenen Machtmittel zu schwächen. Und üblicherweise versuchen Staaten, ihre Alliierten hinter sich zu bringen und ihre Gegner zu spalten. Trumps Politik scheint auf das Gegenteil zu zielen. Seine Regierung treibt die größten Staaten Europas geradezu mutwillig in die Arme Chinas und Russlands. Mit diesen Staaten müssen sich die Europäer nämlich zusammentun, wenn sie den US-Dollar als Abrechnungswährung im Iranhandel umgehen wollen. Anders können sie sich kaum verhalten, wenn sie das Nuklearabkommen mit dem Iran achten wollen, das Trumps Amerika bricht. Denn die USA wollen alle Staaten sanktionieren, die mit dem Iran handeln. Auch hier gilt: Kurzfristig werden sich die Vereinigten Staaten damit wohl durchsetzen. Zu groß sind ihre Marktmacht, ihr Drohpotenzial und ihre Sanktionsfähigkeit.

Aber irgendwann dürften die Folgen sichtbar werden: Das Vertrauen der Verbündeten in die Zuverlässigkeit der Führungsmacht wird schwinden. Zugleich erschwert

Amerikas rein bilateraler Zugang zur Weltpolitik, falls notwendig, größere Koalitionen zu schmieden, die längerfristig gemeinsame Interessen verfolgen. Zustimmung zu amerikanischer Politik wird leise und ohne praktische Konsequenzen bleiben. Wie Wiesel werden sich Nationalstaaten aus Verpflichtungen gegenüber den Vereinigten Staaten herauswinden. Mit den USA verbündet zu sein, heißt womöglich, irgendwann nur noch so zu tun, als ob. Passivität und Verzögerungstaktik von Verbündeten wird Präsident Trump in seinem Glauben nur weiter bestärken, Alliierte seien Nichtsnutze und eine Last für sein Land. Er steigert sich damit hinein in einen Teufelskreis der Selbstschwächung.

Weil Staaten sich zunehmend ihre Optionen offenhalten – Mark Leonard spricht von einer »neuen Promiskuität« in der Weltpolitik[61] –, werden andere Muster der Zusammenarbeit sichtbar, auch über ideologische Grenzen hinweg, etwa in den Beziehungen zu Iran. Solche Muster können sich verfestigen, alternative Interessenverbände bilden sich. Im nächsten Schritt entstehen dann neue internationale Handlungsverbünde oder gar Institutionen, auch unter Vermeidung oder explizitem Ausschluss der Vereinigten Staaten.[62] Irgendwann könnten die wichtigen Machtressourcen der Vereinigten Staaten gezielt infrage gestellt oder offen angegriffen werden, etwa der US-Dollar als Weltreservewährung. Der Prozess amerikanischer Machterosion hätte dann gewaltig Fahrt aufgenommen.

Um ihn zu stoppen, müsste Präsident Trump – seiner eigenen Logik folgend – zu immer rabiateren Mitteln greifen. Er würde den Drohungen und Sanktionen weitere folgen lassen. Um glaubhaft zu bleiben und Kontrolle zurückzugewinnen, müsste er hin und wieder eine Drohung tatsächlich wahrmachen. Das ist dann der Weg in die weitere Eskalation.

Trump ist in seinem imperialen Gestus also nicht nur extremistisch; er leistet sich eine Fehleinschätzung über das Wesen von Macht. Sich vorzustellen, dass und wie Trumps Außenpolitik die USA schwächt statt stärkt und in Enttäuschung und Scheitern enden wird, ist deshalb eine gut begründbare, ja naheliegende Annahme.[63]

Das Problem ist bloß: Niemand kann sicher sein, wann und wie sich die Desillusionierung zeigen wird. Wenn die außenpolitische Strategie eines Kleinstaates scheitert, zeigt sich das gemeinhin schnell. Die eigenen Einflussmöglichkeiten sind begrenzt, viel hängt von der Reaktion anderer, größerer Staaten ab. Deren Gegenkräfte zeigen schnell Wirkung. Anders bei einer Supermacht: Durch eigenes Handeln kann sie die Wirklichkeit weit über die eigenen Landesgrenzen hinaus und gegen den Willen anderer Staaten nach eigenen Wünschen gestalten, jedenfalls für einige Zeit. Das Scheitern kann der Mehrheit der eigenen Bevölkerung lange verborgen bleiben, besonders dann, wenn innenpolitische Erfolge, etwa Wirtschaftswachstum, den außenpolitischen Fehlschlag maskieren.

Aber wenn das Scheitern der Rowdy-Politik sichtbar wird und sich im Inneren des Landes Enttäuschung breitmacht, dann werden – anders als die Post-Atlantiker annehmen – Gegenreaktionen, Erschütterungen und Disruptionen und nicht Geraden und Kontinuitäten Amerikas künftige Außenpolitik kennzeichnen. Der nächste Präsident, egal welcher Partei er angehört, wird Dinge anders machen, korrigieren, reparieren wollen. Und er wird das begründen, indem er sich vom imperialen Gestus seines Vorgängers absetzt. Dessen Politik dürfte er entweder beschweigen oder als Verirrung und Traditionsbruch brandmarken.

Diesen Moment muss die europäische Politik für möglich halten. Noch besser wäre es, sich darauf vorzubereiten. Statt dem Fatalismus zu huldigen und das Ende des Atlantizismus zu beklagen, sollte die Politik lieber davon ausgehen, dass Donald Trump nicht das Ende der (amerikanischen) Geschichte darstellt. Und eine Politik betreiben, die zwar in wichtigen Fragen auf Distanz zur gegenwärtigen Politik des Weißen Hauses bleibt, die aber zugleich Brücken in die Zukunft baut.

Voraussetzung dafür wäre allerdings, nicht vorher jene Brücken einzureißen, die später noch gebraucht werden könnten. Ein guter Anfang wäre es, Trumps Unterstützern nicht in die Hände zu spielen, indem man eigene, mehrfach gegebene multilaterale Verpflichtungen innerhalb der NATO ignoriert. Würde Deutschland die strategische Narretei beenden, nicht einmal mehr den bündnispolitischen Vorzugspreis für Verteidigung (zwei Prozent des Bruttosozialprodukts) zahlen zu wollen, könnten Trumps Unterstützer nicht länger behaupten, es sei nicht der Präsident, der die NATO zerstöre, sondern Deutschland.[64]

Falls die Bundesrepublik in Trumps Außenpolitik stattdessen das Symptom einer dauerhaften Veränderung erkennt, wird sie keine Zeit verlieren wollen. Sie wird handeln wollen, nicht tändeln. Sie wird Trump entgegentreten wollen, statt sich ihm zu entziehen. Sie wird langfristig umsteuern wollen, statt zu taktieren. Sie wird mit Deutschland ein Gegengewicht gegen den überschießenden Nationalismus der USA bilden wollen, statt Trump mit Finten und Winkelzügen, mit Ignorieren, Verzögern und Ablenken zu begegnen oder auch mit kurzfristigen Kompromissen, die sich später korrigieren ließen.

Wer Deutschlands außenpolitische Traditionen betrachtet, wird sich über die Sehnsucht nach distanzierendem Aktivismus eher wundern. Wo die langen Linien des nationalen Interesses berührt sind, hat die Bundesrepublik bislang ein hohes Maß an strategischer Geduld bewiesen. Die deutsche Außenpolitik setzt üblicherweise auf Kontinuität auch dort, wo wichtige Partner sich in Phasen innerer Wirren mit unsicherem Ausgang befinden. Sie hat den Regierungschef Silvio Berlusconi elf Jahre lang ertragen, ohne das Verhältnis zu Italien infrage zu stellen. Sie hat während der französischen Stagnationsphase unter der Präsidentschaft von Hollande »Mundhalten« zur deutschen Frankreichpolitik erklärt, ohne sich von der deutsch-französischen Partnerschaft in Europa zu verabschieden, fünf Jahre lang. Sie legt gerade für vermutlich acht Jahre die deutsche Polenpolitik auf Eis, ohne an der engen Partnerschaft zu zweifeln. Wer Deutschland während der ersten Amtsperiode der Regierung Trump zum Gegengewicht gegen den wichtigsten Nachkriegspartner erklärt, wird sich fragen lassen müssen, wie es um die Balance der eigenen Politik bestellt ist.

Das bedeutet keineswegs, darauf zu verzichten, die Amerikapolitik neu zu betrachten. Donald Trumps Radikalismus zwingt dazu. Er schließt größere gemeinsame Initiativen zu Kernfragen internationaler Politik nahezu aus. Trumps Institutionenfeindschaft und seine Aversion gegen Regelbasiertheit internationaler Beziehungen nötigt die Bundesrepublik, endlich zu tun, was seit Längerem schon wünschenswert war: mehr Verantwortung für jene liberale internationale Ordnung zu übernehmen, die Deutschland seine außerordentliche Friedens- und Glücksphase beschert hat. Es reicht eben nicht mehr aus, zum politischen Westen zu gehören; Deutschland muss mehr Westen produzieren, auch für andere. Es liegt nahe, verstärkt in eigene Instrumente und in europäische Handlungsfähigkeit innerhalb des Bündnisses zu investieren. Es wäre Trump eines Tages zu danken, dass er den Europäern und besonders den Deutschen jenen Tritt in den Allerwertesten verpasste, der notwendig war, um sich schlussendlich doch noch eigene Machtmittel anzuschaffen.

So ungewiss die außenpolitische Zukunft der USA sein mag und so anpassungsfähig Deutschlands Antwort darauf sein muss, so klar ist immerhin eins: einen *Status quo ante*, eine Rückkehr in eine nostalgisch imaginierte gute alte Zeit amerikanischer Bemutterung Europas, wird es nicht geben. Und dies aus drei Gründen: Erstens wird sich das Wirken des großen Abbruchunternehmers aus Washington nicht ungeschehen machen lassen. Zweitens wurzelte die Sonderrolle der USA für Europa in einer eurozentrischen Welt, die es so nicht mehr gibt; und drittens in einer hegemonialen Rolle der USA in der Welt, die ebenfalls nicht mehr existiert.

Daraus folgt: Dass die Vereinigten Staaten für Europa wieder ein gleichgesinnter Verbündeter werden, ist sehr wohl möglich, sogar wahrscheinlich, nicht aber dass sie wieder – wie einst – All-Beschützer und All-Schiedsrichter bei innereuropäischen Konflikten werden.

Als die Vereinigten Staaten 1917 Truppen nach Europa verschifften, da traten sie in einen europäischen Krieg ein und zugleich in einen Weltkrieg. Europäische Imperien mit globaler Ausstrahlung, mit militärischer Macht und mit konkurrenzloser industrieller Potenz prallten aufeinander. Ähnlich lässt sich der Zweite Weltkrieg verstehen. Spätestens mit dem Kollaps des sowjetischen Imperiums 1990 ist das eurozentrische Zeitalter vorüber, und daran können auch die gegenwärtigen Machtanmaßungen einer einzelnen europäischen Nation, nämlich Russland, nichts ändern. Das europäische Drama könnte sich heute allenfalls als Farce wiederholen: als Konflikt mittelgroßer Staaten mit begrenzter globaler Machtausdehnung, mit begrenzter industrieller und mit schon fast zu vernachlässigender militärischer Potenz. Einzig die Tatsache, dass Europa Heimat mehrerer Atomwaffenmächte ist, wertet die Rolle des Kontinents im globalen Vergleich auf.

Damit entfällt aber weitgehend das Interesse der USA an dem, was Thomas Wright von der Brookings Institution, einer Denkfabrik in Washington, *deep engagement* nennt, die Einbettung der USA in die europäischen Angelegenheiten – also den Versuch, Europa bei der Lösung seiner internen wie außenpolitischen Herausforderungen zu helfen.[65] Eine militärische Gefahr für die USA würde von Europa selbst dann nicht mehr ausgehen, wenn die Probleme des Kontinents ungelöst blieben. Dazu wäre Europa zu schwach und im Weltmaßstab zu unbedeutend.

Die Vereinigten Staaten müssen also für Europa nicht länger das sein, was einst Rom für Athen war – und das können sie auch gar nicht mehr. Denn der unilaterale Moment, der die USA nach 1990 als einzige Supermacht sah, ist nicht in ein unilaterales Zeitalter gemündet. Im Gegenteil: Amerikas relative Macht sinkt. Gemessen in Kaufkraftparitäten machte die amerikanische Wirtschaftsleistung nach dem Zweiten Weltkrieg rund die Hälfte der Weltwirtschaftsleistung aus. Am Ende des Kalten Krieges war es ein Viertel, heute ist es ein Siebtel.[66] Bei jedem Akteur der Weltpolitik müsste eine derartige Veränderung der Machtbasis zum Nachdenken über die eigene Strategie führen. Dies ist übrigens der rationale Grund für die Kritik amerikanischer Wähler an Interventionismus, Allianzpolitik und Trittbrettfahrerei. Und diese Kritik ist es, die Trumps außenpolitisches Scheitern überdauern dürfte.

Die Kontinuitätsthese macht aber keinen Unterschied zwischen der populären Kritik an der amerikanischen Überdehnung und den politischen Ableitungen daraus. Das ist offenkundig ein Kurzschluss. Nur weil das Wahlvolk die welt- und allianzpolitische Überlastung Amerikas erkennt und diese Erkenntnis vermutlich langfristig dessen Wahlverhalten prägen wird, müssen daraus nicht notwendig Radikalnationalismus und Alliiertenmobbing folgen. Im Gegenteil: Gerade die Einsicht in den relativen

Machtverlust der Vereinigten Staaten dürfte mittelfristig die Erkenntnis stärken, dass die USA Bündnispartner und Regeln, kurz: Multilateralismus, braucht.[67] Und in dieser Einsicht liegt die Grundlage für das europäisch-amerikanische Verhältnis der Zukunft.

Die künftige Außenpolitik der Vereinigten Staaten dürfte also von einer doppelten Herausforderung geprägt sein: dem Zusammenbruch des Nachkriegskonsenses über Amerikas expansive Rolle als Hüter der westlich geprägten Ordnung und zugleich dem Scheitern der Trump'schen Reaktion darauf.

Wie ein neues Gleichgewicht der auswärtigen Beziehungen der Vereinigten Staaten aussehen wird, ist allenfalls in Umrissen erkennbar. Jedenfalls muss es die Grenzen der amerikanischen Macht und zugleich die Grenzen der amerikanischen Bevölkerung berücksichtigen. Es muss die Müdigkeit des Weltpolizisten, Streife zu laufen, in Einklang bringen mit der Notwendigkeit, im eigenen Interesse die Zusammenarbeit mit anderen zu suchen. Gesucht wird – jenseits eines brachialen Nationalismus – eine neue Balance zwischen Rückzug und Kooperation. Gesucht wird eine nichthegemoniale Führung, die jene Institutionen pflegt und erhält, die die Vereinigten Staaten in einer interdependenten Welt so sehr benötigen werden wie ihre Verbündeten. Gesucht wird ein außenpolitischer Gestus, der demokratische Werte vertritt und fördert, ohne in Interventionismus und Kreuzzüglerei zu verfallen.[68]

Sollte ein zukünftiger Präsident diese neue Balance finden, wird Europa aufpassen müssen, nicht einen alten

Fehler zu wiederholen: nämlich zu glauben, dass Multilateralismus für die Vereinigten Staaten vor allem bedeutet, sich Europa zuzuwenden. Folgt man eurozentrischem Denken, sind die USA nicht engagiert in der Welt, wenn sie nicht engagiert sind in Europa.

Eine Außenpolitik für ein postamerikanisches Europa könnte jenseits von Trump für die Europäer neuartige Rahmenbedingungen schaffen. In diesem Szenario wären die Vereinigten Staaten sehr wohl ein guter Partner, ein ähnlich gesinnter Verwandter aus der Familie der Demokratien, auch ein Verbündeter. Aber zugleich wäre *deep engagement* in Europa nicht länger zu erwarten. Im besten transatlantischen Falle würde Europa, wie Timothy Garton Ash es nennt, auf ein »Obama-minus«-Szenario zusteuern: freundliche Sympathie unter Verbündeten ohne allzu viel Tagesengagement.[69] Europa steuert dann auf eine kuriose Umkehrung der gegenwärtigen Verhältnisse zu: Heute sind die Vereinigten Staaten mit Europa tief verflochten, vor allem militärisch, aber durch die Politik ihres wichtigsten Repräsentanten nicht länger ähnlich gesinnt. Künftig könnte es umgekehrt sein.

Das Ende des eurozentrischen Zeitalters wird es mit sich bringen, dass für das transatlantische Verhältnis womöglich nicht mehr entscheidend ist, was in Europa geschieht. Für die Vereinigten Staaten könnte der Wert des Bündnisses eher in Europas Positionierung gegenüber der aufsteigenden chinesischen Diktatur liegen. Das wird für Europa (und besonders für Deutschland) schwierige Abwägungen erfordern.

Auf solche Szenarien sollte Europa sich einstellen.

Diese Zukunftsentwürfe sind insofern hoffnungsvoll, als in ihnen die USA wieder als Wertepartner und ordnungspolitischer Mitstreiter in der Weltarena auftreten. In jedem denkbaren Fall wird allerdings die Bemutterung enden, die Existenz Europas als sicherheitspolitisches Mündel. Den Zwang zu mehr Handlungs- und Verteidigungsfähigkeit bringen damit auch jene Zukunftsentwürfe mit sich, die eine sonnigere Zukunft für möglich halten, als die Alarmisten suggerieren wollen.

Vor mehr als vier Jahrzehnten, 1974, waren die Vereinigten Staaten in einer vergleichbar kritischen Lage: Das Land erlebte eine Regierungskrise, weil Präsident Richard Nixon sein Amt missbraucht hatte und vor dem Rücktritt stand. Zugleich steuerte Amerika im Vietnamkrieg nach hohen eigenen Verlusten auf eine Niederlage zu und erodierte seine Position im Kalten Krieg. Die Gesellschaft war tief gespalten; Massendemonstrationen und linksterroristische Anschläge erschütterten das Land. Ein Ölembargo und ein Börsenabsturz führten zu Stillstand und Rezession. Wer hätte damals noch einen Pfifferling auf die Vereinigten Staaten gegeben? Wer hätte wohl auf eine goldene Zukunft des Landes gewettet? Nur 15 Jahre später fiel in Berlin die Mauer, und die USA standen auf dem Gipfel ihrer Macht und ihres Ansehens.

Geschichte wiederholt sich nicht. Aber wenn die Geschichte einen Anhaltspunkt liefert, dann vielleicht den, dass sich die Vereinigten Staaten immer wieder als ein besonders wandlungsfähiges Land erwiesen haben.

5. Die liberale Überdehnung erkennen

Als vor 30 Jahren die Berliner Mauer fiel, hegten viele im Westen den Traum von einem Europa der freien und gleichen Demokratien; damals, als sich die Staaten Europas in der »Charta von Paris« auf ein Sehnsuchtsziel verständigten und ein »neues Zeitalter der Demokratie, des Friedens und der Einheit«[70] ausriefen, für Europa und, implizit, für die ganze Welt. In der Rückschau zeigt sich: Vieles ist zuletzt ganz anders gekommen als erwartet, ganz anders als erhofft.

Heute sind sich die Europäer weder alle einig noch leben sie in Frieden und Demokratie, jedenfalls nicht überall auf dem Kontinent. Viel weniger noch gilt das für den Rest der Welt. Stattdessen feiern jene Regierungsformen eine Wiedergeburt, die ohne allzu viel liberale Demokratie auskommen. Ein neuer Nationalismus scheint zunehmend das Heft des politischen Handelns in die Hand zu nehmen. Er nimmt nicht weniger als die Grundidee einer von Normen und Werten geleiteten Zusammenarbeit der Nationen unter Feuer. »Wir stehen«, sagt der Mainzer Historiker Andreas Rödder, »vor den Trümmern unserer Erwartungen.«[71]

Was ist da schiefgegangen? Was hat zur Rezession der Demokratie geführt, zum Neoautoritarismus und schließlich zur Schwächung der liberalen internationalen Ordnung?

Die professionellen Populismuserklärer sehen den wichtigsten Grund für die Rezession der liberalen Demokratie und für die Krise der internationalen Ordnung in Entwicklungen *innerhalb* der westlichen Demokratien. Sie bieten dafür zwei Thesen an: die ökonomische und die kulturelle.

Nach der ökonomischen These hat die zunehmende globale Arbeitsteilung dazu geführt, dass die Einkommen der Mittelschichten in wichtigen westlichen Staaten über Jahrzehnte real nicht anstiegen. In der Einkommensstagnation liege der Grund für den antielitären und antiinternationalistischen Protest jener, die sich zurückgelassen fühlten.[72] Die andere Deutung sieht eine kulturelle Gegenrevolution gegen eine migrations- und identitätspolitische Eine-Welt-Bewegung vor sich.[73] Die Globalisierung habe Grenzen porös gemacht oder quasi abgeschafft, Migration in großem Stil ermöglicht, die Stellung der Nation und deren lokaler Mittelschichten unterminiert. Dies habe schließlich eine Gegenrevolte erzeugt.

Beide Erklärungsmuster schließen einander nicht aus. Allerdings dürfte der Mischungsgrad beider Deutungen in verschiedenen westlichen Ländern unterschiedlich sein. In Frankreich, Großbritannien und besonders in den Vereinigten Staaten bietet die ökonomische These ein erhebliches Erklärungspotenzial. Dort lässt sich die Abwanderung von klassischer Industrieproduktion nach

China leicht nachzeichnen. Das hat in vielen Regionen zum Verlust von gut bezahlten Jobs geführt, oft auch zu Dauerarbeitslosigkeit.

Zugleich ist die Einkommensverteilung gerade in den Vereinigten Staaten deutlich ungleicher als noch vor einigen Jahrzehnten. Der Lohn von Beschäftigten, die Vollzeit arbeiten, ist – inflationsbereinigt – seit 1980 nicht mehr gestiegen. 1999 betrug das mittlere Familieneinkommen von Arbeitnehmern 59 039 Dollar. Siebzehn Jahre später standen dem typischen Arbeitnehmerhaushalt – wiederum inflationsbereinigt – gerade mal 374 Dollar zusätzlich zur Verfügung. Die gewaltigen Reichtumszuwächse aus dem Innovationsboom des Internetzeitalters finden sich fast ausschließlich auf den Bankkonten der obersten zehn Prozent der Einkommenspyramide. Ihr Anteil am Volkseinkommen stieg seit 1980 von 34 auf 47 Prozent. Dass diejenigen revoltieren, die sich als Verlierer der Globalisierung sehen und zugleich im eigenen Land eine Art ökonomische Oligarchie heranwachsen sehen, darf niemanden verwundern.[74]

Ganz anders sieht es in Nord- und Zentraleuropa aus. In Schweden wächst die Wirtschaft seit 2010 fast ununterbrochen, mit jährlichen Steigerungsraten von bis zu sechs Prozent, was für entwickelte Industriegesellschaften gewaltig ist. Entsprechend sinkt die Arbeitslosenquote kontinuierlich.[75] Vergleichbar ist die Entwicklung in Europas größter Volkswirtschaft, der Bundesrepublik, die im vergangenen Jahrzehnt ihr zweites Wirtschaftswunder erlebte. In ganzen Regionen des Landes herrschte bis 2019 beinahe Vollbeschäftigung, und zwar nicht bloß, wie gern unterstellt wird, dank prekärer Beschäftigungsverhältnisse. Auch Ostdeutschland hat seit Jahren an dieser positiven Entwicklung teilgenommen. Die Arbeitslosenquote ist kontinuierlich gesunken, auch wenn sie noch immer nicht westdeutsches Niveau erreicht.

Und anders als etwa in den Vereinigten Staaten ist die ungleiche Entwicklung der Einkünfte in Deutschland kein entscheidender Faktor. Zu beobachten sind nach den Erhebungen des Deutschen Instituts für Wirtschaftsforschung »deutlich zunehmende Realeinkommen weiter Teile der Bevölkerung«.[76] Anders als vielfach öffentlich behauptet, fällt die Ungleichheit der Nettoeinkommen in Deutschland unterdurchschnittlich aus. Sie ist nach 2005 zunächst nicht mehr angestiegen. Davor wuchs die Ungleichheit in der Tat, vor allem aber deshalb, weil in Zeiten des Reformstaus die Arbeitslosigkeit und die Transferleistungen anstiegen und damit die Einkommensschere zwischen den Beschäftigten und den Unter- oder Nichtbeschäftigten aufging. Seit den Arbeitsmarktreformen des ersten Jahrzehnts und einem zeitgleichen Reformschub der Wirtschaft dämpft der neue Beschäftigungsboom in Verbindung mit deutlichen Rentenerhöhungen sowie erheblicher und wachsender Umverteilung die Ungleichheitsentwicklung der Einkommen stark.[77]

Erst neuerdings gibt es wieder Indizien, die darauf hindeuten, dass die unteren Einkommensschichten trotz deutlicher Reallohnzuwächse nicht im selben Maße von der Wirtschaftsentwicklung profitieren. Als Grund dieser Entwicklung hat das Deutsche Institut für Wirtschaftsforschung die seit 2010 stark gestiegene Einwanderung ausgemacht, da »Migrantinnen und Migranten in den ersten Jahren oftmals nur ein niedriges Einkommen erzielen«.[78] Einen Einfluss auf die Lebensrealität und das Lebensgefühl der Einheimischen dürfte sich daraus freilich nicht ergeben. Es könnte zudem ein Übergangsphänomen sein.

Wo Fachkräftemangel das größte Problem des Arbeitsmarktes ist, dürfte zu kurz greifen, wer den Populismus zu einem Aufstand der wirtschaftlich Deklassierten macht. Davor warnt, beim Blick auf Deutschland, auch der britische Historiker Timothy Garton Ash und bemerkt: »Es ist nicht die Wirtschaft, Dummkopf!«[79] Wirtschaftliche Faktoren allein, sagt Ash, könnten den Aufstieg der populistischen Alternative für Deutschland nicht erklären, wenn doch vier von fünf AfD-Wählern angäben, es ginge ihnen wirtschaftlich gut oder sehr gut.[80]

Deshalb ist der Grund für die populistische Revolte in Deutschland und seinen wohlhabenden Nachbarstaaten eher in der Identitätspolitik und in dem verbreiteten Gefühl von Entwurzelung und Entheimatung zu suchen. Die Wirkmacht dieses Gefühls ist aber zunächst kaum aufgefallen. Denn nach Ash haben die herrschenden Mehrheiten, in Deutschland wie überall in der westlichen Welt, abweichende Ansichten zur Migrations- und Identitätspolitik nicht nur ignoriert, sondern sogar delegitimiert. Wer äußerte, was nicht in den Mainstream des Denkens fiel, sei »schnell als Sexist, Rassist und Faschist abgewertet« worden. Ash macht dafür einen »illiberalen Liberalismus« verantwortlich, also einen Liberalismus, der nur noch liberale Ansichten zulässt und sich damit in sein Gegenteil verkehrt.

Ash macht nicht primär eine Ungleichheit des Einkommens aus, sondern eine Ungleichheit der Aufmerksamkeit; eine »Asymmetrie des Respekts«, wie er sagt. Genau diesen Respekt, die Wahrnehmung und Beachtung ihrer Ansichten, wollen sich die populistischen Protestler zurückholen. Die polnischen Nationalautoritären von der Partei Recht und Gerechtigkeit (PIS) haben dafür einen Kampfbegriff geschmiedet. Sie behaupten, die »Redistribution von Würde« anzustreben. Sie wollen Aufmerksamkeit gewähren, und zwar jenen, die danach dürsten, weil sie sich als Opfer der Ausgrenzung ihrer Ansichten sehen. Hinter der Fassade dieser Emanzipationsagenda für ignorierte Mittelschichten versteckt die PIS freilich ein Vorhaben ganz eigener Art: Aus der Kritik am Mainstream wird eine Elitenkritik konstruiert, die in deren Austausch münden soll. Wer aber den Elitenwechsel will, stellt zugleich die Machtfrage und schreckt, wie die Regierungspraxis der PIS beim Personalaustauch in Justiz, Medien, Kultur- und Bildungsinstitutionen sowie der Politik zeigt, vor rabiaten Methoden nicht zurück. So wird aus einer Kritik an mangelnder Meinungstoleranz das Programm des Antiliberalismus.

Wie unterschiedlich auch immer der Mischungsgrad kultureller und ökonomischer Einflussfaktoren beim Entstehen des Populismus in den einzelnen Ländern des Westens jeweils gewesen sein mag, so sind beide Thesen in einer wichtigen Hinsicht ähnlich: Sie sind Spielarten der Globalisierungskritik. Ob sich jemand nun ökonomisch benachteiligt oder eher kulturell ignoriert fühlt, ist in dieser Lesart eine Folge verwandter Kräfte. Gemeinsam ist beiden Erklärungsmustern, dass die Quelle dieses unerwünschten Einflusses außerhalb des eigenen Nationalstaates gesucht wird. Und vor allem über diese Kräfte gilt es, so der Schlachtruf der Populisten, die (nationale) Kontrolle zurückzugewinnen.

Es ist somit das Gefühl, die eigenen Geschicke nicht mehr im Griff zu haben, das wesentlich zur schleichenden Delegitimierung der internationalen Ordnungssysteme beiträgt. Aufgrund der ähnlichen Herleitung führt der Wettstreit zwischen kultureller und ökonomischer These also in gewisser Weise in die Irre. Wichtiger wäre es, die gemeinsamen Urgründe – vielleicht handelt es sich sogar um eine Art internationalistische Ursünde – zu analysieren: die Zeitenwende von 1989 und die Folgen ihrer selbstgefälligen Interpretation.

Gerade in der Rückschau wird deutlich, dass sich die Länder des Westens nach dem Ende des Kalten Krieges jahrelang einen naiven Optimismus geleistet haben. Man glaubte, dass der Siegeszug des eigenen Gesellschaftsmodells vorgezeichnet sei. Regierungen und die sie tragenden Mehrheiten in fast allen westlichen Ländern erwiesen sich als gelehrige Adepten des amerikanischen Politologen Francis Fukuyama.[81] Dessen These vom »Ende der Geschichte« und vom Beginn eines dauerhaften demokratischen Friedens wurde erst gehörig trivialisiert und dann zur Blaupause des westlichen Triumphalismus gemacht. Denn nicht nur Optimismus brach sich Bahn, sondern auch ein demokratischer Determinismus.[82] Aus der Hoffnung auf eine bessere Zukunft wurde die Gewissheit über den Gang der Geschichte. Timothy Snyder,

Historiker an der Universität Yale, beschreibt die Folgen, nämlich eine »Politik der Unvermeidbarkeit«, zu der es keine Alternativen mehr gab und in der für den Einzelnen nichts mehr zu tun war.[83]

Weil das Ziel allen politischen Handelns vorbestimmt war, schien es, als müsse das Paket aus Demokratie, ökonomischer Freiheit, globalem Handel und weltweiter Zusammenarbeit nicht mehr erkämpft, nicht mehr begründet und auch nicht immer glaubwürdig vorgelebt werden. Manch einer meinte sogar, man müsse es nicht mehr so genau nehmen mit Prinzipien, Werten und Regeln und könne sich Doppelzüngigkeiten, Normübertretungen und Verantwortungslosigkeiten erlauben. Hybris wäre wohl ein passendes Wort für dieses Verhalten.

Nach und nach entstand die liberale Überdehnung: eine Welt, in welcher der Glaube an eine glorreiche demokratische Zukunft verbreitet und die Ansprüche gewaltig, aber Wille und Mittel zur Umsetzung von Zielen begrenzt waren. Es war eine Welt, die außer Terroristen keine Gegner mehr kannte, sondern nur noch Partner, die auf dem Weg waren, zu gleichgesinnten Freunden zu werden. Diese Welt des schönen Scheins erlaubte, sonntags dem Selbstbetrug zu frönen und Süßholzrasplern bei Vorträgen über westliche Werte zuzuhören, werktags aber Trittbrettfahrer und Regelbrecher zu tolerieren.

So ließ sich mühelos übersehen, dass es im internationalen System Spieler gab, die nur so taten, als seien sie Mitspieler. Da waren die Chinesen, von denen man jahrzehntelang annahm, die ökonomische Öffnung ihres Systems werde sie in die partizipative Politik, vielleicht sogar in die Demokratie führen. Bis erkennbar wurde, dass die chinesische Führung internationale Regeln als ein Produkt westlicher Selbstvergewisserung ansieht, die es zu nutzen, zu biegen und zu brechen gilt, wenn es nur dem nationalen Wiederaufstieg dient.

Und dann waren da die Russen, die zeitweise auf dem Weg zu einer normalen, sogar demokratischen Nation in Europa zu sein schienen. Schritt um Schritt würden, so die Annahme, Reformen das Land modernisieren und näher an den Rest Europas heranrücken: politisch, ökonomisch, kulturell. Gelegentlich würden die Russen auf politische Abwege geraten, weshalb das Mainstreamdenken bereit war, immer wieder zu mehr Geduld aufzurufen. Bis ein paar militärische Interventionen später auch dem Letzten klargeworden sein musste, dass die russische Führung ihre Nation gar nicht auf dem Weg ins friedliche liberaldemokratische Schlaraffenland sieht.

Und schließlich gab es noch die Mittel- und Osteuropäer. Sie waren besonders wichtig, weil man glaubte, sie hätten dauerhaft im Hafen der liberalen Demokratie festgemacht, weshalb die allermeisten von ihnen Mitglieder der EU und der NATO werden konnten. Doch das war eines der vielen Missverständnisse während der Ära des demokratischen Determinismus. Wie es Branko Milanović, der ehemalige Chefvolkswirt der Weltbank, beschreibt, war das Jahr 1989 in diesen Staaten nicht zuvörderst ein Triumph der westlichen Werte, sondern primär eine »Revolution der nationalen Emanzipation«[84] – also eine Emanzipation vom Sowjetimperialismus.

Wer einen Staat anstrebt, auf dessen Staatsgebiet keine

Minderheiten leben und außerhalb von dessen Grenzen keine Mitglieder der eigenen Ethnie siedeln, dem müssen das moderne Polen, die Tschechische Republik, die Slowakei und Slowenien als ideale Nationen vorkommen. Und Ungarn, Litauen, Kroatien, Serbien, Albanien und Kosovo sind immerhin beinahe perfekt. Nur Estland, Lettland, Bulgarien, Nordmazedonien und Rumänien bieten größeren nationalen Minderheiten Heimat.

Lange hatten die Mittel- und Osteuropäer für einen solchen Zustand gefochten. Endlich waren weitgehend homogene Nationalstaaten entstanden. Marktwirtschaft und demokratische Staaten mochten die Bürger akzeptieren, weil beides als Voraussetzung der ersehnten Prosperität galt, ethnische Heterogenität aber nicht. Das widersprach dem Geist der nationalen Selbstbefreiung, auch wenn die Westeuropäer noch so sehr darauf beharren mochten, ethnische Heterogenität sei die automatische Konsequenz der Freizügigkeit und damit der offenen Gesellschaft.

In den vergangenen Jahren ist mit einigem Aufwand erforscht worden, wie klein die Gruppe der sogenannten »westlichen Liberalen« in Osteuropa 1989 (mit Ausnahme Polens) tatsächlich war. Sie erschien damals deshalb größer und einflussreicher, weil sie in Wahrheit eine Allianz aus liberal-demokratischen und nationalen Kräften war. Selbst eingefleischte Nationalisten, schreibt Milanović, »sprachen die Sprache der Demokratie, da es ihnen international größere Glaubwürdigkeit verlieh und sie für große Ideale zu kämpfen schienen, nicht für kleinkarierte ethnische Interessen«.[85] In dieser Gruppe finden sich

Viktor Orbán und Jarosław Kaczyński, heute die starken Männer Ungarns und Polens. Ihr Wandel von Freiheitskämpfern zu antiliberalen Nationalisten wird so erklärbar. So viel Wandel war da nämlich gar nicht. Für sie wie für viele andere war die liberale Demokratie nicht das politische System ihrer Träume, sondern eine Wahl aus Zweckmäßigkeit.[86]

Als dann 2015 die Flüchtlingskrise über Europa kam, brach der latente Konflikt zwischen liberaler Demokratie und Nationalismus, West- und Mittelosteuropäern vollends auf. Konfrontiert mit der Kritik an ihrer scheinbar hartherzigen Flüchtlingspolitik, ja an ihrer staatlichen Fremdenfeindlichkeit, konterten die Mittelosteuropäer, ihre gewählten Repräsentanten verträten doch nur die Ansichten der Mehrheit und schützten die Werte des Landes vor einem Haufen messianischer Westeuropäer, die einen idealistischen Universalismus predigten, zu dem sie, die Mittelosteuropäer, sich nie verpflichtet hätten und von dem sie nicht glaubten, dass er überhaupt existiere.[87]

Die Frage ist weiterhin ungelöst, wie Europa umgehen soll mit diesem Schisma. Wollen die Westeuropäer die Mittelosteuropäer wie »gefallene« Demokraten behandeln und sie wegen ungenügender Tugendhaftigkeit kritisieren und sanktionieren? Das wäre quasi die Fortsetzung des liberalen Missionarismus und würde zudem den Meinungsstreit auch in Westeuropa übersehen. Oder wollen sie akzeptieren, dass in Mittelosteuropa Demokratie und ethnisch grundierter Nationalismus mancherorts Hand in Hand gehen? Das käme einer Kapitulation nahe.

Klar ist heute nur eins: Die Zahl der Unterstützer einer liberalen Weltaneignung war nach 1989 kleiner als gedacht. Gewiss, manches wäre früher erkennbar gewesen. Vielleicht muss man auch nachsichtig mit sich selbst sein. Denn erst in der Rückschau zeigen sich die Krisen der vergangenen fünfzehn Jahre als zusammenhängend. Und erst im Zusammenhang werden sie überhaupt als Teil der liberalen Überdehnung erkennbar.

Immerhin gab es an jeder einzelnen Wegmarke, vor jeder einzelnen Krise Mahner und Warner, die systemische Widersprüche erkannten. Sie wiesen darauf hin, dass globale Finanzmärkte, selbstbalancierend und ohne global koordinierte Regulierung, krisenanfällig sind; eine Währungsunion ohne politische Steuerungsfähigkeit nicht funktionieren wird; Migration ohne Grenzen und Begrenzungen destabilisierend wirkt; freier Welthandel, von einer riesigen Kommandoökonomie ausgebeutet, Verlierer schaffen und Legitimität einbüßen wird; globaler Menschenrechtsschutz keine Wegguckzone wie Abu Ghuraib oder Guantánamo duldet, aber auch keine humanitäre Intervention ohne klare Legitimation.

Heute scheint es, als sei das Gebäude der westlichen Ordnung nicht stabil, weil in der Hoffnung auf ewigen Sonnenschein nur ein paar Sommerhütten gebaut wurden. Nun findet man sich plötzlich in Herbststürmen wieder: erst in einer Finanzkrise, dann einer Euro-, einer Sicherheits-, einer Flüchtlings-, schließlich in einer Handelskrise. Und über allem in einer dauerhaften Vertrauenskrise der liberalen Demokratie.

Was nun? Die Hütten einfach abreißen, wie es die rechtspopulistische Protestbewegung will? Oder doch lieber ausbessern, isolieren und die Fundamente verstärken?

Zunächst einmal gilt es, die Wirklichkeitsanalyse der neuen Nationalisten ernst zu nehmen. Es sind eben nicht bloß Menschen, die allzu viel Moderne nicht vertragen, die Angst vor der Zukunft haben und sich in das nostalgisch aufgeladene Gestern des ethnisch reinen und handlungsfähigen Nationalstaats flüchten. Nein, es sind ja gerade die neuen Nationalisten, die geholfen haben, das Missverständnis vom demokratischen Frieden offenzulegen; die so manchen nachvollziehbaren Zweifel daran äußern, wie im Westen Freiheit, Freizügigkeit und Freihandel interpretiert werden. Es sind also reale Missstände, die sie anprangern; es sind erkennbare Konstruktions- und Bauausführungsfehler im Gebäude der internationalen Ordnung, die sie kritisieren.

Das anzuerkennen, bedeutet noch lange nicht, Rechtspopulismus gutzuheißen. Und schon gar nicht bedeutet es, die Politik mit der Abrissbirne zu unterstützen. Nationalismus und Protektionismus waren die Plagen der Welt im frühen 20. Jahrhundert. Nationalismus und Protektionismus können nicht der Heiltrunk für die Krankheiten des 21. Jahrhunderts sein.

Nein, die notwendigen Korrekturen muss die liberale Demokratie schon selbst einleiten. Das Gute ist: Sie kann das. Die klassische repräsentative Demokratie kann, was nun von ihr zu verlangen ist. Sie kann, um im Bild zu bleiben, Gebäude sanieren, auch das Gebäude der internationalen Ordnung. Sie kann reparieren, auch sich selbst. Sie kann sich sogar so gut selbst korrigieren wie keine andere Regierungsform, weil sie Selbstkritik ermutigt, nicht unterdrückt; weil der Umgang mit Kritik ihre größte Stärke ist.

Wir wissen längst: Finanzmärkte *sind* regulierbar. Globalisierung *ist* gestaltbar. Währungszonen *sind* regierbar. Migration *ist* steuerbar. Verteidigung und Sicherheit *sind* möglich. Menschenrechte *können* geschützt werden.

Es ist eine Ironie der Gegenwart, dass der Populismus das Problembewusstsein schärft und zugleich gemeinschaftliche Lösungswege erschwert oder verstellt. Seine neue Vetomacht hat die Handlungskorridore verengt. Alles dauert nun länger und ist schwieriger. Dabei ist Zeit ein rares und wertvolles Gut. Zeit ist das, was die Wähler der Populisten nicht haben. Der aufgestaute Ärger über die herrschenden Verhältnisse verführt sie dazu, auf schnelle und zugleich radikale Lösungen zu setzen. Ihre Ungeduld verleitet sie dazu, Risiken einzugehen und es an der Wahlurne mit jenen zu versuchen, die versprechen, den Knoten zu zerschlagen und die Komplexität der Moderne mit klarer Kante aufzulösen.

Am besten hat diesen Mechanismus Michael Anton analysiert, der *vor* der US-Präsidentschaftswahl in einem viel beachteten Essay beschrieb, warum Donald Trump das Risiko wert zu sein schien, ihn zu wählen.[88] Anton verglich den Urengang mit jener Entscheidung, die die Passagiere des Flugs 93 am 11. September 2001 auf dem Weg nach Washington zu treffen hatten, als sie bemerkten, dass ihr Flugzeug mit dem Ziel entführt worden war, es als Kamikazewaffe in ein Regierungsgebäude Washingtons zu fliegen. Anton schrieb: »2016 ist die Flug-93-Wahl:

Entweder du übernimmst das Cockpit, oder du stirbst. Vielleicht stirbst du ohnehin. Du – oder der Anführer deiner Gruppe – mag es ins Cockpit schaffen, und es stellt sich heraus, dass du nicht fliegen oder die Maschine landen kannst. Es gibt keine Garantien. Außer einer: Wenn du es nicht versuchst, ist der Tod gewiss. Und um das Bild im Politischen aufzulösen: Eine Präsidentschaft Hillary Clintons ist wie russisches Roulette mit einer semiautomatischen Waffe. Mit Trump kannst du wenigstens den Patronenzylinder drehen und hoffen.«[89]

Dahinter steht die Vorstellung, dass sich nur noch jetzt, jetzt sofort, und zwar durch hohen Einsatz und durch hohes Risiko, die Veränderung erzwingen lässt, die notwendig ist, um die Welt vor dem Untergang zu retten. Derselbe Alarmismus war beim britischen Referendum über die Europäische Union zu spüren, als sich die Brexitbefürworter durch keine Studie und keinen Experten über die Gefahren einer Klare-Kante-Lösung belehren lassen wollten.

Und letztlich war auch die Regierungskrise, die die bayerisch-konservativen Führungspolitiker im Sommer 2018 inszenierten und darüber die jahrzehntealte Fraktionsgemeinschaft von CDU und CSU riskierten, nichts anderes als eine Risikostrategie, getragen von der Hoffnung auf Erlösung kurz vor der Katastrophe: Lieber die konservative Parteienlandschaft sprengen als in Kauf nehmen, Flüchtlinge und Migranten im Namen der europäischen Solidarität über die Grenzen geschoben zu bekommen. Am Ende trauten sich die bayerischen Parteiführer nicht zu, was die britischen und amerikanischen

Wähler gewagt hatten. Wären die bayerischen Parteimitglieder statt ihrer Funktionäre befragt worden, wäre die Sache womöglich anders ausgegangen. Die Erlösung der Ungeduldigen ist abgesagt. Vielleicht aber auch nur aufgeschoben.

Mag der populistische Protest auch nachvollziehbar sein, so ist das kein Grund, bewegungsstarr dem grassierenden Neonationalismus beim Machtzuwachs in immer neuen Ländern zuzuschauen. Von jenen, die für eine Ordnung der Freiheit stehen, kann vieles erwartet werden – Selbstkritik, Einsicht, Selbstkorrektur –, nur eines nicht: Selbstaufgabe. Es ist höchste Zeit dagegenzuhalten. Es ist überfällig, eine Strategie gegen die explosive Kombination aus Antipluralismus und Antiinternationalismus zu entwickeln. Es gilt, das politische Momentum der Neonationalisten in der internationalen Arena zu brechen und die politische Initiative zurückzugewinnen.

Wer das nationalistische Fieber senken will, muss versuchen, die frei flottierende Risikobereitschaft der Unzufriedenen einzuhegen oder sogar überflüssig zu machen. Und das geht nur, wenn die Zaghaftigkeit, die Selbstverzwergung zentristischer Politik ein Ende findet. Überall in den westlichen Staaten ist es zur Gewohnheit geworden, dass die etablierte Politik keine ambitionierten Pläne verfolgt und sich an große Reformen kaum mehr herantraut – aus Angst vor den vielen Vetospielern in der modernen Demokratie, von der parlamentarischen Opposition bis zu den Verbänden und den Polit-Influencern im Internet. Das gilt umso mehr in der internationalen Politik, da dort die Vetospieler andere Nationalstaaten sind.

Wäre Politik zupackender, mutiger, streitlustiger, kampfbereiter, durchsetzungsfähiger, traute sie sich Führung zu und verbündete sie sich international mit anderen Führungswilligen, dann könnte sie so manchen Kontrollverlust vermeiden, den Nationalisten beklagen.[90] Wer behauptet, das sei nur ein frommer Wunsch, der abprallen muss an den Realitäten moderner Politik und schon gar an den Souveränitätsrechten von Nationalstaaten, der nimmt den Verlust von Problemlösungskompetenz allzu nonchalant hin.

Bis 2019 hat (fast) nirgends eine der klassischen Mitte-Links- oder Mitte-Rechts-Parteien ein umfassendes und kohärentes Reformprogramm auch nur formuliert, nicht in den Vereinigten Staaten und nicht in Europa. Ein Programm, das die Globalisierungskritik aufnimmt und Reformen so konzipiert, dass die Grundlagen der freiheitlichen Ordnung nicht unterminiert, sondern erneuert werden: Freihandel und internationale Steuerpolitik, Finanzmarkt und Währungsunion, Migration und Flucht, Sicherheit und Verteidigung.

Nichts weniger als ein Reformpaket dieser Art muss die Ambition sein, wenn es gilt, der Risikobereitschaft von Wählern und deren nationalistischer Sehnsucht nach Lösungen beizukommen. Es muss deutlich werden, dass eine Politik der Mitte reaktions- und handlungsfähig ist und internationale Interdependenz keine Bedrohung für die Bürger darstellt. Politik muss neu beweisen, dass grenzüberschreitende Zusammenarbeit vermag, Probleme zu lösen, die sonst unlösbar bleiben.

Frankreichs Präsident Emmanuel Macron ist bislang

der einzige westliche Politiker der Mitte, der solcherlei Ambitionen entwickelt. Sein Slogan vom »Europa, das schützt« dreht geschickt vom Kopf auf die Füße, was Nationalisten behaupten: dass internationale Zusammenarbeit und besonders europäische Integration Verunsicherung schaffen und Kontrollverlust erzeugen. Für Macron ist es umgekehrt: Europa schafft erst jene Handlungsfähigkeit und damit Sicherheit für seine Bürger, die Europas Nationalstaaten nicht mehr allein garantieren können.

Allerdings zeigt sich an Macrons Ansatz auch, wie unauflöslich Innen- und Außenpolitik miteinander verwoben sind, wie souveränes Handeln und internationales Agieren ineinander übergehen und aufeinander aufbauen. Frankreichs Präsident ist, will er Erfolg haben, auf die Kooperation der anderen Europäer angewiesen, zuvörderst Deutschlands. Allein schon ein freundliches Hinhalten der anderen kann seinen Erfolg schmälern oder gar verhindern. Das wissen auch alle anderen Europäer – und hatten bis 2019 doch kaum mehr zu bieten als eine Kampagne des Lächelns und Schulterklopfens für ihren französischen Partner.

Es liegt eine gewisse Logik darin, dass ausgerechnet Frankreichs Präsident Macron mit seiner Ambition alleine steht. Denn Macron ist kein klassisches Produkt zentristischer Parteipolitik. Er half zunächst dabei, das traditionelle Parteiensystem zu zerstören, um sich dann selbst als Erlöser zu gerieren, wenn auch als Messias der Mitte. Er selbst nennt sich einen *Disrupteur*. Und er selbst war es auch, der darauf hinwies, dass ihn diese Qualität mit dem amerikanischen Präsidenten Donald Trump verbinde.

Ähnlich sind folglich die Risiken seiner Präsidentschaft zu bewerten. Wenn Macron mit seinem Projekt scheitert, liegt Frankreichs politisches System in Ruinen, mit unabsehbaren Folgen, auch für die Europäische Union. Allzu viel Hoffnung auf ein politisches *Unicorn* zu projizieren, ein Unikat, birgt also Gefahren.

Gebraucht wird stattdessen eine Kohorte ähnlich gesinnter Führungsfiguren überall in der westlichen Welt, eine Allianz der Internationalisten. Diese Alliierten sollten sich an Prinzipien und Haltungen orientieren können, die sie miteinander verbinden und die sie in ihren Staaten adaptieren und lokal interpretieren. Dem antiliberalen Neonationalismus mit seiner Eliten- und Pluralismuskritik, seiner Geringschätzung von Minderheitenrechten und seiner Mein-Land-zuerst-Attitüde muss deshalb dringend ein Projekt zur liberalen Erneuerung entgegengesetzt werden.

6. Auf robusten Liberalismus setzen

Die Theorie, der die Erneuerung der freiheitlichen Ordnung folgen sollte, hat einen Namen: robuster Liberalismus. Gemeint ist damit eine zeitgemäße Interpretation des Liberalismus in der Phase seiner Bedrohung von innen und von außen: selbstkritischer und streitlustiger, resilienter und abwehrbereiter, prinzipien- und regeltreuer, aber auch bescheidener und sich seiner Grenzen bewusster. Robuster Liberalismus denkt den Westen neu, indem er überschießende Ideen zurückstutzt und die liberale Überdehnung der vergangenen Jahrzehnte beendet, seinen Ideenkern aber umso entschiedener bewahrt, vertritt und verteidigt.[91]

Der robuste Liberalismus folgt vier Maximen: Freiheitlichkeit, Multilateralismus, Selbstbeschränkung und Abwehrbereitschaft.

Freiheitlichkeit: An der Idee der liberalen Demokratie gibt es nichts zu rütteln und nichts zu schütteln, nichts einzuschränken und nichts zu relativieren. Sie muss Orientierungspunkt der innerstaatlichen wie auch jeder internationalen Ordnung bleiben, der sich die Staaten der freien Welt zugehörig fühlen wollen. Die illiberale Bedrohung verdeutlicht ja gerade, warum das Wörtchen liberal mit Demokratie untrennbar verbunden sein sollte: Demokratie darf eben nicht nur die Herrschaft der Mehrheit sein, wie es die Populisten verlangen; dann degeneriert die Demokratie bald zur Tyrannei der Mehrheit. Die Grundrechte des Einzelnen, auch von Minderheiten, übrigens nicht nur von Staatsbürgern, muss der Rechtsstaat notfalls gegen die Mehrheit verteidigen. Gerade dieser Rechtsanspruch schützt den Einzelnen vor Willkür und nimmt zugleich den Staat in die Pflicht. Im Artikel 1 des deutschen Grundgesetzes heißt es eben nicht: »Die Würde der Deutschen ist unantastbar«, sondern: »Die Würde des Menschen ist unantastbar.« Damit stellen sich die Mütter und Väter des Grundgesetzes in die liberale, die universalistische Tradition der amerikanischen Unabhängigkeitserklärung und deren unsterblicher Formulierung, wonach »wir diese Wahrheiten für ausgemacht (halten), dass alle Menschen gleich erschaffen« wurden.

Das Primat der Würde in Freiheit und Gleichheit, wiederzufinden auch in der Allgemeinen Erklärung der Menschenrechte der Vereinten Nationen, gehört zum Wesenskern aller offenen Gesellschaften[92]; und dieser Wesenskern hat gerade wegen seines Universalismus Folgen für die internationale Politik. Er macht das Eintreten für und die Verteidigung von Menschenrechten zur Staatsaufgabe. Daraus folgt die Pflicht zum Schutz von Verfolgten und Menschenrechtsverteidigern, die in der Genfer Konvention und in Deutschland im Grundrecht auf Asyl ihren Ausdruck fanden – auch wenn das Ausmaß der Verpflichtung sinnvollerweise nicht definiert ist, um der Politik die Gestaltungsfähigkeit nicht zu entwinden. Jedenfalls zählt dieser Kanon zu den Prinzipien, in denen westliche, offene Gesellschaften ihren normativen Grundkompass erkennen. Für sie ist der Begriff des Westens deshalb kein Schimpfwort, sondern ein Identitätsanker. An diesem Anspruch gibt es – wie gesagt – nichts zu deuten und nichts zu relativieren, auch wenn klar ist, dass auf absehbare Zeit nicht alle Staaten diese Idealvorstellung teilen werden.

Multilateralismus: Internationale Zusammenarbeit, am besten im Rahmen einer regelbasierten Ordnung, bleibt für all jene Staaten eine Versicherungspolice gegen Unterdrückung, die ihre Prioritäten nicht allein gegen alle anderen Nationen durchsetzen können. Das trifft nicht nur auf die europäischen Klein- und Mittelstaaten zu, sondern in der Regel auch auf die großen Territorial-, Bevölkerungs-, Wirtschafts-, Militär- und sogar Atommächte. Folgende Erkenntnis gilt seit Langem als handlungsleitend: »Wir haben gelernt, dass Frieden und Wohlergehen unteilbar sind und dass Frieden und Wohlergehen in unserem Land nicht auf Kosten des Friedens und Wohlergehens eines anderen Landes erkauft werden können.« Diese Sätze entstammen einer der großen Reden zur Außenpolitik. Gesprochen hat sie ein Amerikaner, Außenminister James F. Byrnes, 1946, ein Jahr nach dem Ende des Zweiten Weltkriegs, in Stuttgart.[93] Seine Worte hallen bis heute nach.

Allerdings hat so mancher mittlerweile vergessen, was sie bedeuten. Da sind einmal die neuen Ultranationalisten, die Kompromiss für Verrat halten und bezweifeln, dass internationale Zusammenarbeit, vor allem nach Regeln und in Allianzen, nationale Interessen befördern können. Zugleich gibt es die Puristen unter den Liberalen, die glauben, Zusammenarbeit könne es nur mit jenen geben, die denselben Prinzipien anhängen.

Die Zukunft verheißt aber keine liberale Hegemonie und deshalb auch keinen demokratischen Weltfrieden. In diesem Umfeld findet die gerade von Deutschland präferierte Verrechtlichung von Außenpolitik Grenzen. Die Weltjustiz wird warten müssen. Vielmehr besteht die Welt auch in Zukunft aus Nationalstaaten, die (zumeist) in Machtkonkurrenz zueinander treten. Der Nationalstaat ist der Handlungsraum der Demokratie genauso wie aller anderen Regierungsformen. Er wird Legitimationsanker jeder internationalen Ordnung bleiben.[94] Deshalb wird die Diplomatie die Fähigkeit stärken müssen, mit Andersdenkenden, Andersregierten und Andersregierenden zu kooperieren. Wo sie es noch nicht sind, werden liberale Demokratien gesprächs- und verhandlungsfähiger, notfalls auch streitbarer sein müssen. Jedenfalls wird es nicht ausreichen, mit Schild und Schwert der guten Intention durch die Welt zu reisen.[95] Mit anderen Worten: Der westliche, besonders europäische Multilateralismus braucht neben normativen Idealen einen neuen Sinn für Realitäten, auch für machtpolitische.

Selbstbeschränkung: Der amerikanische Politikwissenschaftler John J. Mearsheimer wirft den liberalen Staaten vor, sie besäßen eine »Kreuzfahrermentalität«, weil sie sich um die Rechte praktisch jedes Individuums auf Erden sorgten. Die »universalistische Logik« erzeuge einen machtvollen Anreiz, sich in die Angelegenheiten aller Staaten einzumischen, die Rechte ihrer Staatsbürger verletzten. Dann sei es nicht mehr weit bis zu einer »aktiven Politik des Regimewechsels«.[96] Man muss kein Neorealist (wie Mearsheimer) sein, um dieser These etwas abzugewinnen. Sogar Timothy Garton Ash, als Urliberaler geradezu ein Gegentypus zu Mearsheimer, sieht im Extremfall einen bedrohlich kurzen Weg vom Liberalismus, aufgeladen mit universalistischem Pathos, zum Imperialismus.[97]

Der Hoppla-hier-komm-ich-Liberalismus der 1990er Jahre, der nach dem Sieg des Westens im Kalten Krieg die ganze Welt auf dem Weg zur Demokratie sah, hat jedenfalls eine machtvolle Gegenbewegung ausgelöst. Nicht überall stieß die Vorstellung auf Gegenliebe, dank westlicher Hilfe seien auf Erden allerorten Gesellschaften auf dem Weg zu partizipativen Regierungsformen (um nicht von Westminster-Demokratien zu sprechen); und deshalb werde das globale Reich der Menschenrechte näher rücken. Manche sahen darin vor allem eine Einmischung in innere Angelegenheiten und letztlich einen Legitimationsversuch für militärischen Interventionismus.

Der wichtigste Hebel zur Durchsetzung dieses ausgreifenden Liberalismus wird künftig nur noch sehr eingeschränkt zur Verfügung stehen: der liberale Hegemon. Die USA, seit Jahrzehnten der Garant der internationalen Ordnung, wollen nicht mehr oder können nicht mehr. Oder beides. Die Vereinigten Staaten, verkündete Präsident Donald Trump zu Weihnachten 2018, könnten »nicht weiter der Weltpolizist sein«.[98] Was immer die sonstigen Konsequenzen dieser Ankündigung sein mögen, sie ist zumindest in einer Hinsicht von Vorteil: Sie wird dem westlichen Lager zur Selbstbeschränkung verhelfen. Eine neue Balance zwischen Menschenrechtsaktivismus und dem Prinzip der Nichteinmischung wird sich zwangsläufig einstellen. Natürlich wird der Universalismus Wesenskern jeder internationalen Ordnung auf freiheitlicher Basis bleiben; doch dem Bekehrungsdrang dürfte zugleich die Realität Grenzen setzen.

Diese Realität besteht vor allem im Aufstieg Chinas und dem Wiedererstarken Russlands. Sie lassen sich nur punktuell auf die liberale internationale Ordnung ein und schränken ansonsten deren Wirkungsfeld und Durchdringungstiefe ein. Bisweilen gründen sie schon alternative Institutionen. Die freiheitliche Ordnung wird damit in Konkurrenz treten zu anderen Ordnungssystemen und deshalb keinen weltweiten Geltungsanspruch mehr erheben können. Die Ordnung wird sich deshalb stärker regelbasiert denn liberal weiterentwickeln. Damit dürfte ihre Verbindlichkeit nachlassen. Dass es rund um die aufsteigenden Autokratien alternative Ordnungsversuche gibt, könnte immerhin jene stärken, die dem freiheitlichen Ordnungsmodell zuneigen. Denn Konkurrenz kann Kohäsion, also Zusammenhalt, erzeugen. Der Liberalismus wird in der internationalen Arena jedenfalls bescheidener auftreten und seine Grenzen an der neuen Realität orientieren müssen.

Abwehrbereitschaft: Zu den Denkmustern der vergangenen Jahrzehnte zählte die Vorstellung, man müsse Staaten nur mehr Zeit geben, bis sie vereinbarte internationale Regeln tatsächlich einhielten. Wenn sie es nicht taten, waren sie bloß noch nicht so weit. Für Verzögerungen gab es immer entschuldbare Gründe. Am Ende würden diese Länder schon noch an Bord kommen. So geschah es ein ums andere Mal – im Verhältnis zu China, zu Russland und sogar zum EU-Mitglied Ungarn. Hinter dieser Mischung aus Selbstgewissheit und Duldsamkeit stand die Annahme, dass alle Staaten wie der Westen werden wollten, dass sich Attraktion in Transformationsmacht übersetze. Dass andere Staaten nur so tun, als wollten sie dasselbe wie man selbst, in Wahrheit aber andere Ziele verfolgen und diese Ziele auch noch verbergen, um des taktischen und finanziellen Vorteils willen, das alles kam in der Vorstellungswelt der Siegermächte des Kalten Krieges nicht vor. Das war Hegemonial-, nicht bloß Ordnungsdenken.

Immerhin hat die Krise der liberalen Ordnung diese Fehleinschätzung – vielleicht war es eine Selbsttäuschung – enttarnt. Inzwischen ist hinreichend klar, dass die freie Welt Kritiker hat, Konkurrenten auch, Feinde sogar – und sich deshalb (wieder) eine Art wehrhafte Toleranz zulegen muss. Und zwar Toleranz gegenüber Kritikern und deren abweichenden Ansichten, auch Hinnahme anderer Staatsformen, die nicht auf den eigenen Wertvorstellungen fußen. Zugleich Abwehrbereitschaft und -fähigkeit gegenüber jenen, die die freiheitliche Ordnung einengen, unterminieren oder zerstören wollen – ob von innen oder von außen. Seiner eigenen Abschaffung wird der Liberalismus nicht tatenlos zuschauen wollen.

Weil der liberale Staat Grenzen der Toleranz kennt, muss seine Toleranz kämpferisch und mit widerstandsfähigen Institutionen ausgestattet sein. Er muss standhafte Politiker hervorbringen, die ihn vertreten und verteidigen. Und es wird auch Menschen geben, die bei der Erfüllung dieses demokratischen Verteidigungsauftrages Uniformen tragen.

Regeltreue wird in der internationalen Zusammenarbeit essenziell sein. Wo fundamental unterschiedliche Entwicklungspfade existieren, sind Regelverletzungen keine entschuldbaren Kleinigkeiten mehr, die auch noch später zu korrigieren wären. Sie sind Teil einer Auseinandersetzung um Richtung und Wesen von Institutionen. Darum lohnt es zu streiten. Regeltreue Mitglieder werden Regelbrecher nicht länger tolerieren, weil sie ihren eigenen guten Willen nicht länger ausgenutzt sehen wollen. Gut möglich, dass es den einen oder anderen Austritt (oder sogar Rausschmiss) geben mag. Das wäre nicht in jedem Fall ein Drama, wenn dadurch die Grundlage von kollektivem Handeln gestärkt wird. In diesem Umfeld wird sich der Liberalismus jedenfalls tatkräftiger und muskulöser, resistenter und widerstandswilliger, handfester und abwehrbereiter zeigen müssen.

Zur Abwehrbereitschaft zählt auch die Verteidigungsfähigkeit. Die Vorstellung einer Friedensdividende in Form dauerhaft schrumpfender Verteidigungshaushalte zählt zur optimistischen Vorstellungswelt der Jahre nach 1989: Wer die ganze Welt zu Freunden hat und wenn alle am Ende Demokratien werden, braucht sein Militär nur noch zu global-polizeilichen Missionen gegen die Menschenrechtsverbrechen der verbliebenen Schufte. Seit es vorbei ist mit diesem Traum, sind Nationalismus und Autoritarismus wieder Bedrohungen für den Frieden. Sie abzuwehren, ist Ziel einer abschreckenden Verteidigungsfähigkeit, am besten in Form von hinreichend und modern bewaffneten Allianzen.

Wer die vier Gedankenstränge zusammenführt – Freiheitlichkeit, Multilateralismus, Selbstbeschränkung und Abwehrbereitschaft –, der erkennt das Prinzip, das zu einer erneuerten, einer zeitgemäß adaptierten Ordnung der Freiheit führen kann. Knapp zusammengefasst, setzt diese Ordnung auf einen robusten Liberalismus, der sehr wohl auf den Prinzipien der Freiheitlichkeit besteht, zugleich aber die liberale Überdehnung beendet und den demokratischen Bekehrungseifer einhegt. Robuster Liberalismus baut auf einen Universalismus, der weniger verspricht und mehr halten kann. Er tritt bescheidener auf und orientiert seine Ansprüche an den Realitäten. Er zieht gerade aus der Selbstbegrenzung sein Selbstbewusstsein und seine Überzeugungskraft. Ihm wird deshalb Handlungsmacht und Legitimität zuwachsen. In einem zunehmend spannungsgeladenen Umfeld stattet er sich aus mit handlungsfähigen Institutionen, soliden Regeln und Instrumenten zur Selbstverteidigung.

Robuster Liberalismus ist eine Idee für eine Politik der Mitte. Er verbindet Erneuerung mit Moderation und Bescheidenheit mit Prinzipientreue. Er nimmt für sich in

Anspruch, zeitgemäß, nicht aber vorbildlos zu sein. Der Liberalismus ist schon immer mit Adjektiven aller Art behängt worden, auch wenn »robust« kaum je darunter gewesen sein mag. Stattdessen war er skeptisch, minimal, defensiv, konservativ, realistisch, abgespeckt, rumpfartig, light oder – ein anderer Anglizismus – *barebone*. Keiner dieser Begriffe trifft genau, was hier gemeint ist. Denn wenn etwas als abgespeckt oder rumpfartig beschrieben wird, muss es ein größeres Original geben. Hier aber soll eine Übergröße korrigiert, eine Überdehnung beendet werden. Defensiv ist der robuste Liberalismus dann, wenn er sich gegen die Angriffe des Illiberalismus zur Wehr setzt, nicht aber wenn er seine zeitlosen Kernprinzipien vertritt. Mit solcherlei Begriffsklauberei ließe sich fortfahren.

Allerdings wird im Reigen der Adjektive doch im Ganzen zutreffend auf eine Grundhaltung verwiesen: auf einen Idealismus, der sich nicht im Utopismus verliert, sondern das Machbare im Auge behält und in einem eher illusionslosen Blick auf die Weltangelegenheiten gründet.

Die geistigen Wurzeln dieses Ordnungsdenkens sind bei den Klassikern des Liberalismus zu finden, nicht zuvörderst bei den modernen Vordenkern der liberalen internationalen Ordnung. Die leidet, einer verbreiteten Kritik zufolge, an Theoriemangel. Tatsächlich handelt es sich um ein eher in der außenpolitischen Praxis gewachsenes Gebilde aus Normen und Regeln, Allianzen und Institutionen. Es hat sich allerdings zunehmend an demokratischen Prinzipien orientiert und erst spät den Namen liberale internationale Ordnung erhalten.[99] Liberal ist ihr

Kern, der universalistische Grundton und die Berufung auf das Primat der individuellen Menschenrechte.

Die robuste Variante des Liberalismus sucht für ihren Auftritt in der internationalen Arena Anleihen bei jenen Denkern, die manchmal Leben-lassen-Liberale oder Modus-vivendi-Liberale genannt werden.[100] Deren Kernziel ist es, das Schlimmste zu verhüten, und nicht, das Beste zu erreichen. Sie wollen lieber das *summum malum* verhindern, das ultimative Böse, als dem *summum bonum* nachzujagen, dem ultimativen Guten. Ihnen ist es um die Grenzen des Liberalismus zu tun, nicht um dessen maximale Ausdehnung.[101] Sie wollen Furcht und Grausamkeit vermeiden, nicht Gerechtigkeit und Menschenheil anstreben.

Im Zentrum dieses Denkens steht der Freiheitsbegriff. Die Modus-vivendi-Liberalen gehen meistens von einem negativen Freiheitsbegriff aus, wie ihn der britisch-russische Philosoph und Ideengeschichtler Isaiah Berlin geprägt hat.[102] Damit ist die Freiheit »von etwas« gemeint, die Freiheit von äußerem, meist staatlichem Zwang oder die Freiheit von Nötigung durch andere Personen. Die Funktion von Rechten ist es, dem Individuum möglichst weitreichende Freiheiten zu garantieren.

Der »negativen Freiheit« setzt Berlin den Begriff der »positiven Freiheit« entgegen, der selbstverwirklichenden Freiheit »zu etwas«. Es ist die Freiheit, sein eigener Herr zu sein, eigene Lebensentscheidungen zu treffen, ohne von äußeren Kräften eingeengt zu werden. Es ist die Freiheit der Wahlmöglichkeit, die sich allerdings erst entfalten kann, wenn die negative Freiheit garantiert ist.[103]

Von diesem positiven Freiheitsbegriff gehen die offensiven Liberalen aus. Ihr Denken ist optimistischer, offensiver, ausgreifender als das der Modus-vivendi-Liberalen. Ihr wichtigster Vertreter, der amerikanische Philosoph John Rawls, steht für einen Liberalismus, der sehr wohl ein *summum bonum* anstrebt. Zwar glaubte Rawls ebenso wenig wie Berlin, dass es eine absolute Wahrheit gebe. Dennoch war er davon überzeugt, dass es zumindest einen Grundkonsens geben könne. In seinem Hauptwerk, der »Theorie der Gerechtigkeit«[104], geht Rawls der Frage nach, ob man sich auf einen Standard von Gerechtigkeit einigen könne, der keine einzelne Konzeption von Moral oder von der Idee des guten Lebens bevorzugt. Wenn es auch nur einen vagen Grundkonsens gebe, dann – so meint Rawls – würden Hass, Xenophobie, Gewalt, Verfolgung und Intoleranz aus der Welt verschwinden.

Die Debatte zwischen optimistischem und skeptischem Liberalismus tobt nun schon seit Jahrzehnten beziehungsweise, mit veränderten Überschriften und Begrifflichkeiten, seit Jahrhunderten. Zu Isaiah Berlins Modus-vivendi-Liberalen sind – worin immer ihre sonstigen Differenzen bestehen – Theoretiker wie Judith N. Shklar und John Locke zu zählen. Im Camp von John Rawls' offensiven (oder progressiven) Liberalen finden sich etwa Ronald Dworkin und Francis Fukuyama.

Die Optimisten kritisieren die Skeptiker vor allem für deren beinahe exzessive Zurückhaltung, deren Halbherzigkeit und vermeintliche Visionslosigkeit.[105] Wenn denn das gute und gerechte Leben auf Erden zumindest vorstellbar sei, müsse der Versuch unternommen werden, sich diesem Ziel anzunähern. Die Modus-vivendi-Liberalen unterließen jedoch jeden derartigen Versuch. Aufgrund ihres begrenzten Freiheitsbegriffs entwickelten sie kaum moralische Ambitionen.

Umgekehrt sind es gerade diese Ambitionen, die Modus-vivendi-Liberale bei ihren offensiven Verwandten für fehlgeleitet, ja gefährlich halten. Für Isaiah Berlin ist »die Suche nach Perfektion (…) ein Rezept fürs Blutvergießen, das nicht dadurch besser wird, dass es von den aufrichtigsten Idealisten erstrebt wird«. An anderer Stelle schreibt er, die Gefahr der kommunistischen Tyrannei beschwörend: »Das Menschengeschlecht auf ewig gerecht und glücklich und kreativ und einträchtig zu machen – welcher Preis könnte dafür zu hoch sein? Für ein solches Omelett darf man nicht die Eier zählen, die dafür aufgeschlagen werden müssen – das war gewiss, was Lenin, Trotzki, Mao und, soweit ich weiß, Pol Pot dachten.«[106] Gegenüber dieser Frontalkritik ist geradezu zurückhaltend, was außenstehende Kritiker des Liberalismus gegen deren offensive Vertreter einzuwenden haben. John Mearsheimer entdeckt dort eine »Tendenz zur Intoleranz«, weil sie »den Liberalismus als überlegen gegenüber anderen politischen Ordnungen« betrachteten und glaubten, »die Welt wäre ein besserer Ort, wenn sie von lauter liberalen Regierungen bevölkert würde«.[107]

Die Folgen dieses Schulenstreits für die internationale Ordnung sind offensichtlich, und sie sind gravierend. Ohne Zweifel ist einer der Gründe für die ambitionierte Außenpolitik westlicher Staaten in den vergangenen Jahrzehnten im erheblichen Einfluss der offensiven Liberalen zu suchen. Die Offensiven haben zwei geistige Väter und kennen zwei Spielarten, den John-McCain- und den John-Lennon-Liberalismus.

Ersterer ist ein Produkt amerikanischer Hegemonie und ist interventionistisch, so wie sein Pate, der langjährige US-Senator John McCain. Ausgangspunkt dieses Denkens ist die Überzeugung, dass die Vereinigten Staaten machtvoll und zugleich so wohlwollend sind, dass sie die Fähigkeit besitzen, die Demokratie in der Welt zu verbreiten, wenn nötig mit Waffengewalt. Obwohl auch immer nationale Interessen der Vereinigten Staaten befördert werden, treten gutwillige Menschen und Staaten auf der ganzen Welt im Namen dieser Mission an Amerikas Seite, unabhängig von ihren eigenen Traditionen, Bündnissen und sonstigen Interessen.

Der John-Lennon-Liberalismus findet seine Grundierung im Text eines berühmten Songs seines Paten, des Musikers John Lennon. In »Imagine« besingt Lennon eine globalistische Vereinigungsphantasie: *Stell dir vor, es gäbe keine Länder / Das ist nicht so schwer. / Nichts, wofür es sich zu töten oder sterben lohnt. / Und auch keine Religion. / Stell dir vor, all die Menschen / lebten ihr Leben in Frieden. (...) / Und die ganze Welt wird eine Einheit.*[108]

Die John-Lennon-Schule stellt sich eine Art freiwillige Entgrenzung auf freiheitlicher Basis vor. Durch internationale Kooperation und, so ist anzunehmen, supranationale Institutionen wird weltweiter Frieden sichergestellt. Trennendes (wie Religion) verliert an Bedeutung. Grenzen werden durchlässig oder überflüssig, und auf Basis der Selbstbestimmung des Individuums ist globale Migration weitgehend schrankenlos möglich. Ein gemeinsamer Gerechtigkeitsbegriff erlaubt globale Umverteilung mit dem Ziel, schrittweise eine Angleichung von Lebensverhältnissen zu erreichen.

Der John-Lennon-Liberalismus, besonders stark in Europa, ist dem linken politischen Spektrum zuzurechnen; der John-McCain-Liberalismus, besonders stark in den Vereinigten Staaten, dem rechten Spektrum. Beide liegen bis heute im politischen Wettstreit miteinander, ja bekämpfen einander. In den vergangenen Jahrzehnten wäre kaum jemand auf die Idee gekommen, sie als Varianten derselben Denkschule zu beschreiben, des offensiven Liberalismus. Aber das Aufkommen einer Alternative, des populistischen Nationalismus, lässt klarer hervortreten, was ihre fundamentale Gemeinsamkeit ist: die Idee des demokratischen Expansionismus.

Zu den kühnsten wie bekanntesten Äußerungen dieses Expansionismus zählt zweifellos Francis Fukuyamas einflussreiche Behauptung, mit dem Ende des Sowjetkommunismus sei die Frage nach der idealen Regierungsform im Wesentlichen zugunsten der liberalen Demokratie beantwortet. Eingang in den Mainstream praktischer Außenpolitik fand dieses Denken schon bald nach dem Fall der Berliner Mauer, 1990, als die Staaten Europas und Nordamerikas in der Charta von Paris ein neues Zeitalter der Demokratie ausriefen, was für die unterzeichnenden Staaten gleichbedeutend war mit Frieden und Einheit des Kontinents.[109]

Nun würde man es sich allzu leicht machen mit dem Kurzschluss, die Westintegration Mittel- und Osteuropas (samt NATO- und EU-Beitritt) sei eine direkte Folge des ausgreifenden und expansionistischen Denkens des offensiven Liberalismus gewesen. Denn praktisch alle Staaten, die westlich der russischen Grenze liegen, wollten damals nichts dringender, als dem sowjetischen Joch zu entfliehen. Der Drang nach Westen entsprang dem Selbstbestimmungsrecht dieser Nationen. Die westöstliche Hochzeit hatte willige Partner auf beiden Seiten.

Aus ideengeschichtlicher Sicht bemerkenswerter ist das Angebot von US-Präsident Bill Clinton aus dem Jahr 1995, dargelegt in einem Brief an den russischen Präsidenten Boris Jelzin, ein demokratisches Russland eines Tages in die NATO aufnehmen zu können.[110]

Dieser Brief spiegelt das Denken des amerikanischen Präsidenten wider, der Russland auf dem Weg zur liberalen Demokratie sah oder das jedenfalls nicht für ausgeschlossen hielt. Die Erwartung der möglichen Demokratisierung machte bei Russland nicht Halt. Sie erreichte in den folgenden Jahrzehnten auch den Nahen Osten und die gesamte arabische Welt.

Für Teile der außenpolitischen Elite Washingtons war die Demokratisierung Afghanistans, Iraks, Libyens und Syriens ein realistisches Szenario, wobei hier gedanklich jeweils eine militärische Intervention vorgeschaltet werden musste, was in mehreren Fällen tatsächlich geschah. Für militärische Interventionen gab es verschiedene Gründe, darunter die Angst vor global agierendem Terrorismus. Aber die Debatte um die Legitimation dieser Vorhaben kam gemeinhin nicht ohne die Vorstellung aus, die lokalen Bevölkerungen sehnten Selbstbestimmung und Demokratie herbei, auch wenn sie von außen und auf den Spitzen von Bajonetten gebracht würde.

Dass die Vorstellung vom demokratischen Frieden gerade in den Vereinigten Staaten viele Anhänger fand und sich mit der Idee eines liberalen Interventionismus zur Befreiung von der Geißel der Tyrannei verband, hat mindestens zwei Gründe: erstens den Sieg im Kalten Krieg, der die liberale Hegemonie der USA gebar und machtpolitisch zu ermöglichen schien, was vorher unmöglich war. Und zweitens den Gedanken des Auserwähltseins der Amerikaner, der mittels des Sieges im Kalten Krieg eine Art Turboaufladung erhielt.

Der amerikanische Exzeptionalismus, den es schon bei puritanischen Siedlern wie John Winthrop gab, wenn auch damals religiös grundiert, verband sich nun zunehmend mit der Vorstellung von der Überlegenheit der universal verstandenen liberalen Grundwerte der Vereinigten Staaten.[111] Die Idee von deren Weiterverbreitung lag da nicht mehr fern und damit der Übergang von einem exemplarischen zu einem missionarischen Verständnis der eigenen, angenommenen Sonderstellung. Da war Amerika plötzlich nicht mehr die strahlende »Stadt auf dem Hügel«, auf die es zu schauen galt, sondern das Zentrum einer Bekehrungsbewegung. Kaum jemand hat dieses Sendungsbewusstsein deutlicher und unverblümter formuliert als US-Außenministerin Madeleine Albright, die in einer Art demokratischer Verklärung von den USA als »unverzichtbarer Nation« sprach und sagte: »Wenn wir militärische Gewalt anwenden müssen, dann, weil wir Amerika sind. Wir sind die unverzichtbare Nation. Wir stehen aufrecht da, und wir schauen weiter in die Zukunft als andere Länder.«[112]

Solch weitreichenden Vorstellungen standen und stehen die Modus-vivendi-Liberalen skeptisch gegenüber. Zwar teilen sie mit den offensiven Liberalen die universalistischen Überzeugungen, besonders die Idee der Menschenrechte, die westliche Staaten leben, schützen und vertreten. Auch lehnen sie Waffengewalt keineswegs prinzipiell ab. Aber den Regimewechsel von außen, mit militärischer Hilfe, sehen sie skeptisch. Den bewaffneten Eingriff betrachten sie zumeist nur dann als legitim, wenn er der Selbstverteidigung oder der Verhinderung eines Massen- oder Völkermordes gilt. Ansonsten orientieren sie sich stärker als die offensiven Liberalen am Selbstbestimmungsrecht der Völker und nehmen eine Haltung des Leben-und-leben-Lassens ein.

Gegenüber einer Intervention, die Demokratie in fernen Ländern befördern soll, sind Modus-vivendi-Liberale auch deshalb skeptisch, weil damit eine tiefgreifende gesellschaftliche Umgestaltung verbunden wäre. Eine solche Gesellschaftsveränderung halten sie schon in ihren eigenen Ländern für unerreichbar oder gar schädlich. In der notwendigen Truppenstationierung sehen sie eine machtvolle Verführung, die der Intervention zugrundeliegenden Missstände in der fremden Gesellschaft gleich mit beseitigen zu wollen. Zumindest wissen sie um den Preis: eine jahrelange, vielleicht jahrzehntelange Truppenstationierung. Japan und Deutschland sind dafür nach dem Zweiten Weltkrieg zu Beispielen geworden. Heutzutage wäre der Balkan zu nennen.

In der Praxis zeigt sich der weitreichende Umgestaltungsehrgeiz im deutschen Engagement in Afghanistan. Zwar ist den Nachkriegsdeutschen, historisch imprägniert, der Auserwähltheitsglaube abhandengekommen und einer guten Zahl von ihnen auch der Glaube an jedwede Problemlösung mit militärischen Mitteln. Da es aber trotzdem zu einer Bundeswehrmission gekommen ist, scheint inzwischen ein Paradox auf: Die Deutschen, die zuerst kaum dabei sein wollten, wollen nun offenbar kaum wieder gehen. Jedenfalls scheint ein unabsehbar langer Einsatz weiterhin politisch akzeptabel – auch nach einer Stationierungsdauer, die sich zwei Jahrzehnten nähert. Die Verteidigungsministerin kann weiterhin Zustimmung finden, sofern sie auf mehr verweist denn auf die Sicherheitslage, nämlich auf die Ziele bei Korruptionsbekämpfung, Alphabetisierung und Gleichberechtigung von Frauen.[113] Seit Jahren kritisieren Modus-vivendi-Liberale, man müsse sich bescheidenere Ziele setzen und dürfe nicht gleich die Umgestaltung einer ganzen Gesellschaft am Hindukusch anstreben. Doch zumindest bis zu Donald Trumps einseitiger Ankündigung einer erheblichen Truppenreduzierung im Dezember 2018 ist die Kritik der deutschen Transformationsskeptiker weitgehend verhallt.[114]

Dass die wichtigsten intellektuellen Paten eines bescheidenen und nichtmissionarischen, aber doch robusten und prinzipienfesten Liberalismus der Nachkriegsepoche entstammen, ist gewiss kein Zufall. Isaiah Berlin und Judith N. Shklar waren beide aus Riga stammende Juden, die sich nach antisemitischen Verfolgungen in der angloamerikanischen Sprach- und Demokratiezone wiederfanden. Zusätzlich wären hier Hannah Arendt zu nennen, ebenso wie Raymond Aron und Karl Popper, auch Dolf Sternberger und Marion Gräfin Dönhoff. Diese Gruppe, die sich um viele Namen erweitern ließe, nennt Ralf Dahrendorf »die Intellektuellen der totalitären Periode«.[115] Der Ideenhistoriker Jan-Werner Müller zieht den Begriff »Cold War Liberals« vor.[116]

Gemeinsam ist ihnen zunächst das politische Umfeld. Sie wurden hineingeboren in die ersten Jahrzehnte des 20. Jahrhunderts, sind unter dem Eindruck der entstehenden Sowjetmacht aufgewachsen und erlebten den heraufziehenden Faschismus und Nationalsozialismus. Sie waren Zeugen von Europas totalitärer Epoche und deshalb auch den Versuchungen der Unfreiheit ausgesetzt. Sie wurden vom 20. Jahrhundert auf den Prüfstand gestellt und entschieden sich für die offene Gesellschaft. Sie waren Beispiele eines widerständigen liberalen Geistes und lebten die Freiheit in dem Wissen, dass es auch eine »Entropie der Freiheit« geben kann, nämlich dann, wenn Apathie »Chancen für Usurpatoren« eröffnet.[117] Sie erlebten die Verletzbarkeit freiheitlicher Ordnungen quasi am eigenen Leib und mussten lernen, dass Fortschritt hin zu einer freiheitlicheren Welt keineswegs vorbestimmt ist.

Gerade wegen all der Ungewissheiten, der Versuchungen und Anfechtungen kam es auf so eine Gruppe von Standhaften mehr denn je an. Denn, so Dahrendorf: »In Zeiten des Umbruchs sind die Intellektuellen nötig, in normalen Zeiten sind sie allenfalls nützlich. Wenn Umbrüche geschehen, werden die Worte, die sie beschreiben, selbst zu Taten.«[118]

Nun stellt sich die Frage, warum diese großen Verteidiger der Freiheit in einer Zeit neuer Bedrohungen durch Antiliberalismus und Nationalismus nicht häufiger angerufen und befragt werden. Gibt es so wenig, was sich von ihnen heute lernen ließe? Wären sie aus heutiger Sicht nicht Instanzen der Rückversicherung? Sind *sie* es nicht, die in Zeiten der Herausforderung durch die Kräfte des Totalitarismus für Selbstvergewisserung im Westen gesorgt haben? Immerhin haben sie vorgedacht und vorgelebt, wie man die freiheitliche Ordnung im Innern erhält und nach außen vertritt. Sie waren es, die eintraten in den Wettstreit der Ideen und für einen gewissen Kampfgeist sorgten, einen *fighting faith*, wie der amerikanische Historiker Arthur M. Schlesinger Jr. es nannte[119]; und zwar mit dem Ziel, die unverzichtbare Mitte der Gesellschaft gegen den Angriff und die Versuchung des Extremismus zu verteidigen. Zugleich waren es diese Intellektuellen, die für Moderation in Zeiten der Zuspitzung eintraten, indem sie unablässig für Pluralismus und Respekt vor dem anderen fochten.

In diesem Geiste muss sich der robuste Liberalismus heute in verschiedene Richtungen abgrenzen. Zuerst wendet er sich gegen die Meine-Nation-zuerst-Reaktionäre und deren Nationalismus, der zur Medizin erklärt, was längst als Gift erkannt ist. Er setzt dem ethnischen Denken einen begrenzten, aber entschiedenen Universalismus entgegen. Statt auf reine Machtpolitik baut er in der internationalen Zusammenarbeit auf eine Mischung aus

Macht, Regeln und Normen. Robuster Liberalismus ist kein Nullsummenspiel, sondern zielt auf Vorteile für alle (oder doch zumindest die allermeisten) Beteiligten. Sie alle können gewinnen, wenn sie sich an die Regeln halten. Diese Regeln durchzusetzen, wird dem Liberalismus eine neue, ungewohnte oder zuletzt verlernte Robustheit abverlangen.

Zugleich aber grenzt sich der robuste Liberalismus ab vom ambitionierten, offensiven Liberalismus und dessen John-McCain- und John-Lennon-Spielarten. Er betrachtet Demokratisierung mit Hilfe von Präzisionsraketen ebenso skeptisch wie La-La-Land-Globalismus. Er ist freiheitlich und menschenrechtlich orientiert, kommt aber ohne pädagogischen Eros aus. Ihm ist ein Transformationsehrgeiz fremd, der nicht ruhen will, bis westliche Sozialingenieure Wohlstand und Emanzipation über halb Asien und ganz Afrika gebracht haben. Eine Wünsch-dir-was-Welt wird es nicht geben. Andererseits will der robuste Liberalismus auch nicht verwechselt werden mit dem klassischen Realismus, für den nationale Interessen fast unveränderbar sind und die Regierungsform eines fremden Staates deshalb gleichgültig erscheint. Vielmehr ist anzuerkennen, dass Außenpolitik beides braucht, Realismus wie Idealismus. Die Debatte dreht sich um die verträgliche Mischung.

Robuster Liberalismus bietet ein Denkmodell an, ein Grundprinzip. Er liefert keine Blaupause für die Reform der liberalen internationalen Ordnung und ihrer Institutionen, von den Vereinten Nationen über die Welthandelsorganisation, die Europäische Union und die NATO. Auch keinen Reformfahrplan, wie Regierungen die nationalen Grundlagen für ihre internationale Beziehungsfähigkeit erneuern können. Wohl aber lässt sich mit Hilfe dieses Denkmodells durchspielen, wie sich seine Anwendung in verschiedenen Politikfeldern auswirken könnte. Als Beispiele dienen hier die Handelspolitik gegenüber China, die Frage der humanitären Intervention sowie das Problem des internationalen Flüchtlingsschutzes.

7. Flüchtlingsschutz: Das Globale mit dem Nationalen versöhnen

Das gegenwärtige System des internationalen Flüchtlingsschutzes ist ein dramatisches und zugleich tragisches Beispiel liberaler Überdehnung. Es ist geradezu die Mutter aller Überdehnungen. In Sachen Flüchtlingsschutz hat sich die westliche Welt wie nirgends sonst in heillosen Aporien verfangen. Nirgends sonst klaffen Anspruch und Wirklichkeit weiter auseinander als beim Schutz von Bedrängten und Bedrohten.

Zwar erwächst aus dem Kern des Universalismus, den Menschenrechten, das Gebot zur Aufnahme von Verfolgten und Bürgerkriegsflüchtlingen. Aber die Durchsetzung obliegt nicht der Weltgemeinschaft, sondern den Nationalstaaten, die ihrem Aufnahmeversprechen nur noch punktuell nachkommen. Sie fühlen sich überfordert angesichts globaler Wanderungsströme, die keine Unterscheidung mehr kennen zwischen geordnet und ungeordnet, regulär und irregulär, legal und illegal.

Die Einebnung aller Unterschiede ist das Geschäft politischer Ideologen. Für die Kräfte des linken Randes sind alle Migranten Flüchtlinge, während für die Rechtspopulisten alle Flüchtlinge Migranten sind. Erstere glauben, im globalen Süden hätten praktisch alle ein Recht auf Wanderung nach Norden, weil sie letztlich alle irgendwie Opfer seien von Verhältnissen, die Kapitalismus und Imperialismus dort erst geschaffen hätten. Letztere sind hingegen davon überzeugt, dass der Nationalstaat allein das Gemeinwesen einer ethnisch möglichst homogenen Bürgerschaft sei; überstaatliche Rechte von Individuen und sogar Verpflichtungen gegenüber Fremden lehnen sie ab. Ersteres läuft auf offene, Letzteres auf geschlossene Grenzen ninaus.

Wer nicht in einem globalistischen Wolkenkuckucksheim leben möchte, kann nicht umhin, für Regulierung und Begrenzung der Flüchtlingsaufnahme einzutreten. Wer aber auch nicht in der Stacheldrahtburg eines homogenen Nationalstaats hausen möchte, wird dem Trend zur Re-Nationalisierung entgegentreten und stattdessen für die Re-Universalisierung von Flüchtlingsrechten werben, allerdings in einer durchsetzbaren und daher bescheideneren Variante. Beides – Verbindlichkeit und pragmatische Begrenzung – sind das Programm des robusten Liberalismus.

Dies ist der Pfad, der durch die politische Mitte führt und deshalb realistisch und durchsetzbar ist. Ihn zu betreten, ist dringend notwendig. Denn die Flüchtlingspolitik dürfte ein zentrales Schlachtfeld im Kampf um die Zukunft des Liberalismus bleiben. Wenn es um Flüchtlinge geht, steht geradezu idealtypisch das angeblich warme Nationale gegen das scheinbar kalte Globale. Die globalistische Vorstellung einer Weltregierung führt auf direktem Wege in die nationalistische Konterrevolution. Am Ende, so hat es Frankreichs Präsident François Mitterrand einst treffend formuliert, bedeutet Nationalismus immer Krieg. Diese Spannung gilt es rechtzeitig zu lösen, wenn die Welt nicht dem Extremismus anheimfallen soll.

Die erste Voraussetzung dafür ist, auf dem Unterschied zwischen Einwanderung und Flucht zu beharren. Es sind eben nicht alle Migranten gleich. Einwanderung zu regeln, ist das Vorrecht eines jeden Nationalstaats. Jeder Staat kann entscheiden, Einwanderung zu fördern – oder auch nicht. Aber die Aufnahme von Flüchtlingen kann nur in gemeinsamer Verantwortung aller Staaten gelingen – es sei denn, die Welt will gegenüber jedweder Inhumanität, jedwedem Staatsverbrechen gleichgültig bleiben. Nur wenn die Staatengemeinschaft ihr altes Postulat gemeinsamer und wechselseitiger Verpflichtungen praktikabel und allgemein akzeptierbar machen kann, lässt sich das Vertrauen in die Fähigkeit des Multilateralismus zur Problemlösung wiederherstellen. Der robuste Liberalismus hat viel zur Kompromissfindung, vielleicht sogar zur Befriedung beizutragen.

Heute ist das System des internationalen Flüchtlingsschutzes zerbrochen; es ist zerrieben und zerschellt an den eigenen, idealistischen Ansprüchen, versunken im Gleichmut der Mehrheit aller Staaten. Zu betrachten ist, wie Michael Ignatieff schreibt, der Verlust »jedes Platzes für Großmut und Mitgefühl«.[120]

Über Flüchtlinge spricht die Welt heute mit gespaltener Zunge. Zwar sind der Genfer Flüchtlingskonvention 146 von 193 Mitgliedern der Vereinten Nationen beigetreten. Aber nur zehn – meist arme – Länder haben mehr als 60 Prozent aller Flüchtlinge aufgenommen, alle Industriestaaten zusammen nur 15 Prozent. 93 Prozent der Finanzmittel für das zuständige UN-Hochkommissariat für Flüchtlinge (UNHCR) stellen zehn Staaten zur Verfügung.[121] Also keine Spur davon, dass die Weltgemeinschaft eine universelle menschenrechtliche Verpflichtung annimmt.

Folglich warten heute 13 Millionen vom UNHCR anerkannte Flüchtlinge – zwei Drittel der Gesamtzahl – im Durchschnitt zwei Jahrzehnte lang auf eine dauerhafte Unterbringung. Davon wird durchschnittlich jährlich ein Prozent in sogenannten Neuansiedlungsprogrammen aufgenommen, »Resettlement« genannt.[122] Das wichtigste Land für langfristige Aufnahmen dieser Art sind die Vereinigten Staaten, die aber unter dem rechtspopulistischen Präsidenten Donald Trump die Zahl ihrer Plätze halbiert und das kleine Neuansiedlungssystem damit in eine Krise gestürzt haben. Insgesamt nahmen die Vereinigten Staaten zwischen 2012 und 2017 nicht mehr als 15 000 syrische Flüchtlinge auf.

Das ist sogar noch großzügig im Vergleich zu jenen mittelosteuropäischen Mitgliedsstaaten, deren Ziel es ist, die Zahl insbesondere von Flüchtlingen aus dem Nahen Osten konstant bei null zu halten. Lediglich die Gründe wechseln, die zum immer gleichen Ergebnis führen: Im September 2015 unterstützten slowakische und tschechische Politiker die Schließung der Grenzen, um die eigene Bevölkerung vor vermeintlichen Krankheiten zu schützen, die Flüchtlinge einschleppen würden. Der ungarische Ministerpräsident Viktor Orbán bemühte zum selben Zweck den »Schutz der christlichen Zivilisation«, deren »Wächter« Ungarn sein müsse.[123] Weil viele Staaten Orbans Ungarn nacheifern (auch ohne dessen kulturkämpferische Rhetorik zu bemühen), wird es zunehmend schwierig, überhaupt Zugang zu finden zum System des Flüchtlingsschutzes. Das ist der Grund für den Boom des organisierten Verbrechens, das Schlepperei und Menschenhandel mit Flüchtlingen zum wesentlichen Geschäftsfeld ausgebaut hat.

Der Zwiespalt über das Humanitäre ist ein Geburtsproblem der Genfer Flüchtlingskonvention. Als das Dokument 1951 entworfen wurde, noch orientiert allein an den menschlichen Folgen des Zweiten Weltkriegs in Europa, einigten sich die Verfasser auf zwei von drei wesentlichen Elementen eines verbindlichen Schutzregimes. Sie definierten, wer ein Flüchtling sei. (Diese Definition hat über die Jahrzehnte den Realitätstest im Wesentlichen bestanden.) Und sie legten fest, was die Rechte von Flüchtlingen sein sollten. Hingegen konnten sie sich nicht auf einen Mechanismus einigen, wie Verantwortlichkeiten und Lasten des Flüchtlingsschutzes auf faire Weise unter den Staaten aufzuteilen wären. Dieses Versäumnis, politisch überaus nachvollziehbar, ist das Problem, mit dem wir es heute, fast 70 Jahre später, zu tun haben.

Ein Beobachter der damaligen Verhandlungen, im Protokoll als »Mr. Rees« ausgewiesen, beschrieb seine Eindrücke mit verblüffend aktuell klingenden Worten. Mr. Rees, als Vertreter der Hilfsorganisationen anwesend, wähnte sich auf einer »Konferenz zum Schutz hilfloser Nationalstaaten gegen boshafte und gefährliche Flüchtlinge«. Und er bemerkte: »Zeitweise musste der Entwurf der Konvention sich für Flüchtlinge so lesen wie die Speisekarte eines teuren Restaurants, in dem jedes Gericht – vielleicht mit Ausnahme der Suppe – aus dem Menü gestrichen war. Und bei der Suppe würde noch die Fußnote zu beachten sein, der zufolge dieses Gericht an manchen Tagen nicht gereicht werden könne.«[124]

Gerade wegen ihrer unerfüllten Versprechen ist die Genfer Konvention vielfach kritisiert worden, vielleicht von niemandem schärfer als von der deutsch-amerikanischen Philosophin Hannah Arendt. Sie selbst war geprägt von der Erfahrung des Massenphänomens der Staatenlosigkeit nach dem Ersten, aber auch nach dem Zweiten Weltkrieg, einer Erfahrung, die die ganze Ohnmacht des Menschenrechtsschutzes offenbarte. Staatenlosigkeit hat Arendt als Weltlosigkeit, als Vogelfreiheit, als Entrechtung erfahren. Diejenigen, die aus der »Familie der Nationen ausgeschlossen« seien und nur noch die Menschenrechte in die Waagschale werfen könnten, die erführen, so schreibt sie, dass »die abstrakte Nacktheit ihres Nichts-als-Menschseins ihre größte Gefahr war. Sie waren damit in das zurückgefallen, was die politische Theorie den ›Naturzustand‹ und die zivilisierte Welt die Barbarei nannte.«[125] Die Annahme angeborener und universeller Rechte, die gelten, komme, was wolle, ist für Arendt ein schöner Schein, der nur die Katastrophe der Rechtlosigkeit verhüllt.

Arendt erscheinen die Menschenrechte im Konflikt mit dem nationalen Interesse als chancenlos: »Das bloße

Wort ›Menschenrechte‹«, schreibt sie, sei »überall und für jedermann, in totalitären und demokratischen Ländern, für Opfer, Verfolger und Betrachter gleichermaßen, zum Inbegriff eines heuchlerischen und schwachsinnigen Idealismus« geworden.[126] Die Menschenrechte hätten »immer das Unglück gehabt, von politisch bedeutungslosen Individuen oder Vereinen repräsentiert zu werden, deren sentimental humanitäre Sprache sich oft nur um ein geringes von den Broschüren der Tierschutzvereine unterschied«.[127] Die grundlegende Spannung zwischen Bürger- und Menschenrechten, die Arendt für die Zwischenkriegszeit beschreibt, besteht angesichts einer Genfer Konvention ohne Regeln zur Lastenteilung fort. Sie nimmt sogar zu, seitdem der Zeitgeist nicht mehr den Niedergang des Nationalstaats annimmt, sondern dessen Stärkung.

Arendts Kritik ist so ätzend, so sarkastisch, so vernichtend, dass sich ihre Exegeten seit Jahrzehnten fragen, ob sie überhaupt noch auf der Grundlage eines universalistischen Menschenrechtsverständnisses argumentiert. Doch hinter ihrem Sarkasmus und Spott über die Naivität von Idealisten steckt vor allem der Hinweis auf die Dilemmata des Menschenrechtsschutzes und auf die unausweichlichen politischen Verwerfungen.[128] Arendt will sicherstellen, dass der Menschenrechtsschutz jedweder Realität standhält. Er müsse »im Lichte gegenwärtiger Erfahrungen und Umstände formuliert« werden, fordert sie.[129]

Arendt ist in Wahrheit eine skeptische Liberale, die mit menschlichen Abgründen aller Art und der ewigen

Existenz von Schurkenstaaten rechnet. Sie verabschiedet sich deshalb nicht von der Idee der Menschenrechte, sondern sie sucht ein neues Verhältnis von Universalismus und Partikularismus. Das Ergebnis dieser Suche ist ihr erst spät berühmt gewordenes Diktum vom »Recht, Rechte zu haben«[130], dessen Bedeutung für die heutige Debatte um Flüchtlingsschutz nicht hoch genug einzuschätzen ist. Arendt sieht in diesem Recht auf Rechte das einzig angeborene Menschenrecht. Es unterscheidet sich dadurch kategorial von allen Bürgerrechten. Es ist das Recht, »in einem Beziehungssystem«[131] (und damit in einem Kosmos von Rechten und von Rechtsschutz) zu leben. Üblicherweise bietet ein Staat so ein System, ersatzweise, so lässt sich folgern, auch ein adoptierter Staat, der einen Menschen als Flüchtling aufgenommen hat und ihm somit Rechte zuspricht. Ebendies ist die menschenrechtliche Letztbegründung für ein kodifiziertes, internationales Flüchtlingsrecht.

Man kann Angela Merkels Management der deutschen und europäischen Flüchtlingskrise 2015 als eine Art inneres Zwiegespräch mit Hannah Arendt verstehen. So lässt sich die Unbedingtheit hoch achten, mit der die deutsche Kanzlerin einen eher beiläufig hingeworfenen Satz – »Wir schaffen das!« – zum Leitgedanken ihrer Politik machte. Keinesfalls wollte Angela Merkel durch Grenzschließung das Postulat verletzen, dass jeder Antragsteller zumindest die Prüfung seines Anliegens verdiene; keinesfalls wollte sie das Recht auf Rechte verraten. Damit ist Merkel weltweit zu einer Art Hohepriesterin liberaler Grundsätze geworden.

Zugleich hatte Angela Merkels Krisenpolitik anfangs etwas Entgrenztes und Außerweltliches, weil sie darauf beharrte, dass der Anspruch auf Prüfung eines Flüchtlingsbegehrens prinzipiell keinen Limitationen unterliege und für jeden gelte, der das Territorium der Bundesrepublik erreiche. Sie sprach aber nicht, in den Worten Hannah Arendts, in der Rolle und im folgenlosen Forderungsgestus der Vertreterin eines Tierschutzvereins, sondern in der Verantwortlichkeit einer Regierungschefin. Deshalb sind binnen kurzer Zeit, teilweise ohne jede Personenüberprüfung, weit mehr als eine Million Menschen nach Deutschland gelangt, Bürgerkriegsflüchtlinge und Asylsuchende, aber auch Trittbrettfahrer und sogar ein paar Terroristen.

Als Merkel dann auch noch andere Regierungschefs davon überzeugen wollte, es ihr nachzutun und damit dem Gedanken der Verantwortungs- und Lastenteilung zu folgen, da brach sich der Idealismus an der Realität. Denn Merkel wollte, dass ihre europäischen Kollegen von einer potenziell unbegrenzten, jedenfalls unkalkulierbaren Zahl von Flüchtlingen einen quotierten Anteil übernehmen. In diesem Moment wurde die liberale Überdehnung ihres Handelns unübersehbar, und eine andere Einsicht Hannah Arendts brach sich plötzlich schmerzhaft Bahn: Im Konflikt mit dem nationalen Interesse sind die Menschenrechte chancenlos.

Zu jenen, die früh diese Spannungen voraussahen, die Merkels Politik hervorrufen würde, zählte Deutschlands Staatsoberhaupt. Joachim Gauck, als Pfarrer und Bürgerrechtler dem kommunistischen Teil Deutschlands entwachsen, respektierte sehr wohl Merkels Prinzipien-festigkeit und teilte die menschenrechtliche Grundlage ihrer Politik. Den Bundespräsidenten irritierte aber die geradezu unpolitische Unbedingtheit ihres Handelns, das stabil Lutherische ihres Hier-stehe-ich-und-kann-nicht-anders. Gauck versuchte, Merkel eine Brücke in einen prinzipiengeleiteten Pragmatismus zu bauen, als er erst-mals im September 2015 sagte: »Wir wollen helfen. Unse-re Herzen sind weit. Aber unsere Möglichkeiten, sie sind endlich.«[132]

Er sprach vom »fundamentalen Dilemma unserer Tage« und meinte damit die Notwendigkeit, »das Interesse der Bürger am Fortbestand eines funktionierenden Ge-meinwesens zu verbinden mit dem humanen Ansatz, Schutzbedürftigen zu helfen«. Und das hieß, »Begren-zungsstrategien zu entwickeln und durchzusetzen«. Das war damals, inmitten einer gesellschaftlichen Stimmung voller moralischer Absolutheit, ein unerhörtes Wort. Aber Gauck grenzte sich zugleich entschieden ab von »ei-ner menschenverachtenden, einer ressentimentgeladen-nen Politik, die grundsätzlich für verschlossene Türen plädiert« – so wie es die Populisten tun.[133] Vielmehr entwi-ckelte er eine Ethik der Begrenzung, die helfe, Akzeptanz zu erhalten. Ohne die Unterstützung einer Mehrheit kön-ne eine Gesellschaft langfristig nicht offen und nicht auf-nahmefähig bleiben. Wer also möglichst vielen helfen wolle, müsse kurzfristig mit Augenmaß handeln.

Nach diesem Maßstab ist zumindest in der Rückschau zwiespältig, wie Angela Merkels Rolle zu bewerten ist: In einem historisch entscheidenden Moment hat sie durch

Großmut und Normentreue ein Bekenntnis zum liberalen Internationalismus abgelegt. Die Lösung von *künftigen* Flüchtlingskrisen könnte ihr Rigorismus aber eher erschwert haben.

In Zukunft empfiehlt sich eine Version des Liberalismus, die sich mit einigen robusten Elementen ausstattet. Die Beachtung von drei Kerndokumenten ist dabei zunächst nicht verhandelbar: die Allgemeine Erklärung der Menschenrechte, die Genfer Flüchtlingskonvention und die Antifolterkonvention. Sie kodifizieren das menschenrechtliche Grundverständnis westlicher Demokratien. Sie formulieren den Anspruch, den westliche Länder an sich selbst stellen, sowie das, was andere von ihnen erwarten, wenn das Bekenntnis zu den Menschenrechten mehr sein soll als bloße Rhetorik. Gerade darin besteht ja der Unterschied zu den neuen Nationalisten, deren kulturkämpferische Rhetorik nicht selten kaum von krudem Rassismus zu unterscheiden ist.

Westliche Demokratien sollten zugleich nicht mehr versprechen, als sie halten können. Weder die europäische Union noch die Vereinigten Staaten werden die Probleme all jener Länder lösen, aus denen sie Flüchtlinge aufnehmen.[134] Sie können nicht zu Ersatzterritorien für deren entrechtete Bevölkerungen werden. Und sie sollten diese Hoffnung auch nicht wecken. Mehr als das Machbare kann nicht verlangt werden. Und was machbar ist, kann sich je nach politischen Umständen, ökonomischer Lage, kultureller Disposition und geschichtlicher Prägung von Land zu Land erheblich unterscheiden. Überall gilt die schlichte Einsicht der amerikanischen Unabhängigkeitserklärung, dass der »consent of the governed«, die Zustimmung der Regierten, die Grundlage legitimen Regierens in demokratischen Staaten bleibt.[135]

Und nicht überall haben Bevölkerungsmehrheiten überhaupt die Prämisse dessen akzeptiert, was Michael Ignatieff »moralische Globalisierung«[136] nennt, also die universalistische Grundüberzeugung, dass die Unterschiede zwischen den Menschen in moralischer Hinsicht unerheblich sind. Die Menschenrechte repräsentieren das wichtigste Ergebnis dieser moralischen Globalisierung, da es das pure Menschsein ist, das Menschen miteinander verbindet. Die Rechte von Flüchtlingen ergeben sich somit aus der Anerkennung des gemeinsamen Menschseins. Jede Politik der Großherzigkeit beginnt mit der Annahme, dass Wähler in liberalen Demokratien universelle Verpflichtungen gegenüber Fremden akzeptieren. Doch was, wenn Wähler solche Verpflichtungen nicht anerkennen und Staatsbürger über Fremde stellen?

Im Wertesystem der meisten Menschen, schreibt Ignatieff, fielen Verpflichtungen gegenüber Fremden in die Kategorie des Geschenks. Einem Fremden Asyl zu gewähren, sei ein Akt der Gastfreundschaft, nicht die Administrierung eines Rechtes. Das internationale Flüchtlingsrecht, das (zumindest theoretisch) keine Obergrenze kennt, erscheint dem, was Ignatieff »Alltags-Moralität«[137] nennt, unrealistisch und geradezu traumtänzerisch.

Jede Politik, die den »consent of the governed« braucht und erhalten will, wird die alltägliche Gastfreundlichkeit für sich nutzen wollen und sie nicht für defizitär gegenüber einer globalisierten Moralität erklären. Eine solche

Politik wird Rücksicht nehmen wollen auf die Alltags-moralität. Denn solange es Nationalstaaten sind, die Men-schenrechte schützen, darf der Rechteuniversalismus nicht Gefahr laufen, unabsichtlich die Gefühle nationaler Solidarität zu untergraben, auf die er doch angewiesen ist.[138] Deshalb sind Begrenzungsstrategien Voraussetzung für eine langfristige Aufnahmebereitschaft und nicht Ausweis prinzipienloser Kleinmütigkeit, wie es manche Kritiker glauben machen wollen, die eine Zuzugsober-grenze schon für eine Vorform des Faschismus halten.

Wenn also das Ziel ist, die Sklerose der Genfer Konven-tion zu beenden und die Flucht der Nationalstaaten aus jeglicher Mitverantwortung zu stoppen, dann gilt es, ein kaputtes durch ein funktionstüchtiges System des Flücht-lingsmanagements zu ersetzen. Und das kann nicht bloß heißen, auf eine Strategie des »weniger« zu setzen – also weniger Verpflichtungen für die Nationalstaaten. Das wäre, wie Jürgen Habermas sagen würde, eine »normative Unterforderung«.[139]

Denn die Hoffnung, Freiwilligkeit und Ambitionslo-sigkeit würden die Zustimmung erleichtern, kann sehr wohl trügen. Gewiss wollen sich Nationalstaaten sicher sein, dass ihre Lasten tragbar sind. Zugleich aber suchen sie Berechenbarkeit und Kontrolle über den Prozess sowie Wahlmöglichkeiten innerhalb eines Optionenmenüs. Das Flüchtlingsregime der Zukunft muss also normativ ein-deutig sein, begrenzten Ambitionen folgen, klare Regeln haben, Lasten vielseitig verteilen und Staaten Stellschrau-ben überlassen, um sich lokalen Bedingungen anpassen zu können.

So einen Vorschlag macht James C. Hathaway, Juraprofessor und Direktor des Zentrums für Flüchtlings- und Asylrecht der Universität Michigan. Einer der Vorteile seiner Idee ist es, dass die Umsetzung keine Vertragsrevision der Genfer Flüchtlingskonvention erfordern würde. Schließlich ist es höchst unwahrscheinlich, dass sich alle UN-Mitglieder auf einen neuen Vertrag einigen könnten. Der existierende Vertrag, das ist Hathaways Konzept, würde lediglich ein Zusatzprotokoll erfordern, das in Kraft träte, wenn 20 bis 30 Staaten an Bord wären. Mit wachsendem Vertrauen in die Funktionstüchtigkeit der neuen Regeln würden sich dann sehr wahrscheinlich weitere Staaten anschließen.

Hathaways Konzept[140] ruht auf vier Säulen. Erstens müsste das Recht auf Rechte für potenzielle Flüchtlinge gesichert werden, also der Zugang zum Schutzsystem. Davon ist die Welt heute weit entfernt. Gegenwärtig versuchen viele Staaten, es Flüchtlingen möglichst schwer zu machen, ihr Territorium zu erreichen. Das würde sich nur ändern, wenn die Staaten gewiss sein könnten, dass der Ankunftsstaat eines Flüchtlings nicht mehr wäre als der Aufnahmepunkt in einem internationalen Schutzsystem. Danach würde in vielen Fällen eine Weiterverteilung erfolgen. Gerade angesichts der Erfahrungen der vergangenen Jahre erscheint die Vorstellung des Weiterreichens von Flüchtlingen wie der eitle Traum eines hoffnungslosen Idealisten. Doch Hathaway will das mit dem Rest seines Planes sicherstellen.

Nach der Erstaufnahme müsste zweitens über den Schutzstatus entschieden werden, und zwar möglichst

schnell. Nach Hathaway würden das nicht die Nationalstaaten übernehmen, sondern die Internationale Gemeinschaft. Die Ankunftsstaaten wären in der großen
Mehrzahl der Fälle Nachbarstaaten der Flüchtigen. Bei Anerkennung des Schutzbegehrens würden Flüchtlinge in
der Region weiterverteilt oder blieben im Ankunftsland.
Rückführungen von abgelehnten Antragstellern wären in
der Region einfacher möglich. Wie schon bisher würde
die Mehrzahl der Erstaufnahmestaaten wahrscheinlich
arme Länder sein. Um die Aufnahme für diese Länder
akzeptabel zu machen, müsste – dritter Punkt – die Fi-
nanzierung der Aufnahme nicht länger durch freiwillige
Geber gesichert werden, sondern durch garantierte Fi-
nanzzuweisungen, die nach einer Lastenteilungsformel
aufgebracht würden.

Viertens müsste das neue System eine längerfristige Unterbringung sichern. Ein Viertel aller Flüchtlinge
kann erfahrungsgemäß binnen fünf Jahren nach Hause
zurückkehren. Ein weiteres Viertel würde ins Erstaufnah-
meland integriert. Wo weder lokale Eingliederung noch
Rückkehr möglich sind und eine längerfristige Unterbringung notwendig ist, wäre Resettlement zu erwägen. Hier
sind erhebliche Veränderungen notwendig. Denn bislang
ist die Neuansiedlung ein Stiefkind des Flüchtlingsschutzes. Nur rund 100 000 Plätze für Neuansiedlung können
gegenwärtig jedes Jahr durch die UN angeboten werden.
Notwendig wären etwa 1,7 Millionen Plätze. Aber das ist
beinahe die Zahl der Asylgesuche, die in den westlichen
Industriestaaten vorgetragen werden. Ziel wäre also, die
willkürliche Asylsuche in den westlichen Ländern durch

ein geregeltes System von Neuansiedlungen von Flüchtlingen zu ersetzen.

Hathaways Konzept hätte mehrere Vorzüge: Für Flüchtlinge wäre es besser und berechenbarer. Sie hätten dieselben Chancen und Möglichkeiten, ob sie nun in einem Nachbarland Schutz suchten oder Tausende von Kilometern unter großen Risiken ans andere Ende der Welt reisten. Das reduzierte die Notwendigkeit, Risiken auf sich zu nehmen. Das System brächte auch Vorteile für ärmere Erstaufnahmeländer, die bislang 85 Prozent aller Flüchtlinge aufnehmen. Sie müssten nicht mehr auf Almosen reicherer Länder hoffen und würden nicht länger für die geografische Besonderheit bestraft, in einer Krisenregion zu liegen.

Und schließlich würden auch Industrieländer in dem neuen Konzept Vorteile finden. Der regionale Verteilmechanismus sowie die Fokussierung auf Neuansiedlung würde das Geschäft der Schmuggler erschweren und die Anreize für den Missbrauch des Flüchtlingsrechts durch ökonomisch motivierte Migranten reduzieren. Außerdem gewännen gerade westliche Staaten durch geordnete Neuansiedlung die Zeit, die sie für Sicherheitsüberprüfungen benötigen.

Natürlich ist auch Hathaways Vorschlag keine Zauberformel zur Lösung eines der vertracktesten Probleme der internationalen Beziehungen. Die Idee baut auf ein hohes, vielleicht allzu hohes Maß an Vertrauen zwischen den Staaten. Sie verlässt sich auf die Fähigkeiten der UN-Bürokratie, und zwar mehr, als einige der wichtigsten Mitgliedsländer es tun.

Wohl setzt der Vorschlag die richtigen Anreize für solidarisches Handeln von Staaten. Und er ist eine Bedrohung für das Schmugglerwesen. Aber er wird den Flüchtlingsschutz nicht zu einer Art selbstregulierendem System umgestalten können. Dass es bei der Aufnahme von Flüchtlingen so viel Angebot wie Nachfrage geben wird, ist nicht mehr als eine schöne Hoffnung. Deshalb wird es auch künftig nicht ohne Grenzen und Begrenzungen, Zurückweisungen und Rückführungen gehen – also das ganze Repertoire restriktiver Maßnahmen. Nur allein schon um gemischte Zuwanderung von Flüchtlingen und ökonomisch motivierten Migranten auseinanderhalten zu können, dürften Grenzen auch künftig intensiv kontrolliert werden. Ob den europäischen Ländern der Schengenzone die gemeinsame Grenzkontrolle je gelingen kann, ist dabei völlig offen. Wenn nicht, werden es die einzelnen Nationalstaaten aus Gründen der Souveränitätssicherung gewiss selbst übernehmen. Alle restriktiven Maßnahmen werden aber wesentlich besser mit dem Selbstverständnis westlicher Staaten zu vereinbaren sein, wenn es ein funktionierendes System der Flüchtlingsaufnahme gibt.

Dafür bleibt Hathaways Konzept seit Jahren die beste Idee.[141] Der realistische Geist dieser Idee lässt sich auch daran erkennen, was sie bewusst weglässt. Sie verzichtet darauf einzubeziehen, was viele Fürsprecher des Flüchtlingsschutzes seit Jahren fordern: die Ausweitung der Schutzdefinition. Nach dieser Auffassung bildet die fast siebzig Jahre alte Flüchtlingsdefinition der Genfer Konvention die Realität unserer Tage nicht mehr zureichend ab. Danach sei Flucht ein »multifaktoriales Geschehen«.

Zu Deutsch: Es kommt vieles zusammen, bis Menschen beschließen, sich auf den Weg zu machen – etwa die Verschlechterung ihrer politischen, ökonomischen, aber auch klimatischen Lebensbedingungen. Experten sprechen nicht mehr nur von klassischer politischer Verfolgung oder den Folgen von Bürgerkriegen, sondern von »verletzlichen Bevölkerungen«, die Schutz verdienten.

Weil auch progressive Flüchtlingsschutzadvokaten wissen, dass es zu einer Neuverhandlung der Genfer Konvention nicht kommen wird, setzen sie auf das sogenannte »soft law«. Das sind unverbindliche Übereinkünfte, Absichtserklärungen oder Leitlinien, die auf Dauer aber doch Wirkung entfalten und zum Völkergewohnheitsrecht werden können. Die jüngste Erklärung dieser Art ist der Globale Pakt für Flüchtlinge, den die UN-Generalversammlung 2018 annahm.

Die Absicht der »soft law«-Befürworter ist es, die Staaten in ein Netz von zunächst lockeren Bindungen hineinzuziehen, um auf Dauer mehr Verbindlichkeit erzielen zu können. Auf diesem Wege wäre auch die Flüchtlingsdefinition zu modernisieren, also auf größere Bevölkerungsgruppen auszudehnen, besonders auf Opfer von Naturkatastrophen, auf in ihren eigenen Staaten Vertriebene sowie Klimaflüchtlinge.[142] Juristen sprechen von einer »Norm-Kaskade«[143], mit der schrittweise neues Recht geschaffen werden könne. So ist auch der Versuch zu bewerten, die relativ neue Doktrin der internationalen »Schutzverantwortung« bei massenhaften Gräueltaten derart umfassend zu interpretieren, dass daraus die Pflicht zur Aufnahme und Asylgewährung von praktisch allen Menschen aus solchen Regionen erwachsen würde.

Genau diese Entwicklung fürchtet die große Mehrzahl aller Unterzeichner der Genfer Konvention, die schon still und leise aus den meisten Verpflichtungen ausgestiegen sind. Sie wollen nicht den kleinen Finger reichen und erleben müssen, wie die Vereinten Nationen die ganze Hand ergreifen. Die Drückebergerstaaten wissen: Allein die gegenwärtig diskutierte Erweiterung des Schutzbegriffs würde »mehreren zehn Millionen«[144] Menschen den Status des Flüchtlings neu zuweisen. Das aber würde eine weitere Massenflucht von Staaten aus der Flüchtlingskonvention zur Folge haben.

Deshalb gilt es, die wohlmeinenden Fürsprecher des Flüchtlingsschutzes vor ihrem eigenen Scheitern zu bewahren. Wer will, dass wieder mehr Staaten beim Flüchtlingsschutz mitmachen, darf den Flüchtlingsbegriff nicht erweitern wollen.[145] Die Folge wäre nur eine weitere Aushöhlung der Genfer Konvention. Die Schutzwürdigkeit von Desaster- oder Klimaflüchtlingen wäre damit nicht bestritten; aber sehr wohl die Erwartung, dass diese Menschen mit Hilfe der Genfer Konvention Schutz finden könnten.[146] Alles andere wäre illusionär.

Sich in Bescheidenheit ehrlich zu machen, ist besser, als sich in Wunschträumen etwas vorzulügen. Die Lösung für die Menschheitsgeißel von Flucht und Vertreibung kann nicht darin liegen, mit dem offensiven Liberalismus das Menschenheil in globaler Gemeinschaftsverantwortung anzustreben und die Lage damit zu verschlimmbessern. Es ist realistischer, mit dem robusten Liberalismus begrenzte, aber machbare Gemeinschaftsziele anzustreben, um das Schlimmste zu verhüten.[147]

Als die Flüchtlingskonvention 1951 entworfen wurde, fürchteten viele Staaten, durch eine ausgreifende Flüchtlingsdefinition quasi einen Blankoscheck zu unterschreiben. Deshalb fassten sie den Flüchtlingsbegriff so eng, dass er am Ende nicht den globalen Notwendigkeiten zu entsprechen schien, sondern vielmehr ihren eigenen Möglichkeiten zur Hilfe.[148] Nicht einmal nach dieser Selbstbegrenzung konnten sich die Staaten am Ende auf einen Mechanismus zur Lastenteilung verständigen. Diese historische Episode sollte all jenen zu denken geben, die den Ansatz des robusten Liberalismus für allzu unsentimental halten.

8. Intervention: Der demokratischen Mission Grenzen setzen

Seit Entstehung der Westfälischen Ordnung vor bald 400 Jahren streitet die Welt über den Einsatz von militärischer Gewalt, um Menschen vor massenhaften Mordtaten ihrer eigenen Herrscher zu schützen. Und zwar über Ratsamkeit, Legitimation, Mittel, Akteure, Zeitpunkt, Widersprüche und Nebenwirkungen. Die Jahre seit 1989 bilden einen Höhepunkt dieser Debatte, mit bisher zweifelhaftem Ergebnis und intellektuellem wie praktischem Revisionsbedarf. Das zeigt nicht zuletzt die andauernde Kontroverse um die Intervention in Libyen (2011) und die ausgebliebene Intervention in Syrien (seit 2012). Das Denkmodell des robusten Liberalismus kann hier den Weg zu einer Korrektur weisen.

Es sind zwei britische Liberale, die – wie kaum jemand sonst – die extremen Pole westlichen Denkens repräsentieren. Der eine ist John Stuart Mill, Philosoph; der andere Tony Blair, Politiker. Der eine beschreibt in *A Few Words on Non-Intervention* (1859)[149], warum das Prinzip der Nichteinmischung nur ganz wenige Ausnahmen kennen dürfe, wenn die freie Selbstregierung demokratischer Staaten garantiert bleiben solle. Der andere vertritt in seiner *Doctrine of the International Community* (1999)[150] ein Konzept der humanitären Intervention[151], das Eingreifen regelhaft und regelmäßig vorsieht, nämlich immer dann, wenn fundamentale Menschenrechte in Gefahr sind.

Dieser Wettstreit der Ideen ist heute, etwa 16 Jahrzehnte nach Mill und zwei Jahrzehnte nach Blair, verblüffend aktuell. Das Jahrhunderte überspannende Zwiegespräch des Philosophen mit dem ehemaligen Premierminister beschreibt nicht nur den Spannungsbogen liberalen Denkens. Es ist auch für die politische Praxis relevant. Denn nach einer Serie umstrittener und mitunter mäßig erfolgreicher Militärinterventionen hat sich im Westen Erschöpfung ausgebreitet und das Gefühl der Überforderung durch die eigenen menschenrechtlichen Ansprüche.

Die Phase der Verunsicherung versucht der erstarkende Neonationalismus zu nutzen, um die Menschheit zurückzutreiben in die Wolfswelt der globalen Anarchie, in der Souveränität nur eine Chiffre für das Recht des Stärkeren ist. Für Liberale gilt es deshalb, die Selbstkorrektur einzuleiten und Konsequenzen aus der intellektuellen wie machtpolitischen Überdehnung seit 1989 zu ziehen. Zweierlei ist notwendig: den zivilisatorischen Fortschritt des Menschenrechtsschutzes vor dem Zugriff der Nationalisten zu sichern und zugleich die liberale Überdehnung zurückzuschrauben, um Ideale und Möglichkeiten besser in Einklang zu bringen. Anders gesagt: Es gilt, mit einer gewissen Dosis Mill auf Blair zu reagieren.

Zunächst einmal berufen sich beide, Mill wie Blair, auf die grundlegende liberale Tradition, die Freiheit, Gleichheit und Demokratie wertschätzt und glaubt, diese Werte hätten außenpolitische Prägekraft. Auffällig ist, wie stark Schlüsselerlebnisse das Denken der beiden auf unterschiedliche Art beeinflussen. Blairs Amtszeit fällt in die Hochphase der liberalen Hegemonie. Er sieht die demokratische Führungsmacht als neues Rom und den Rest der Welt auf dem Weg in die *Pax Americana*. Mill hingegen lebt in einer Zeit, in der es nur wenige liberale Staaten gibt. Für ihn ist die Demokratie ein zartes Pflänzchen, das es in einer feindlich gesinnten Umwelt zu schützen gilt. Souveränität erscheint Mill als Bollwerk zum Schutz der Demokratie, während für Blair Souveränität vor allem ein Alibi für die verbliebenen Diktatoren ist, um Menschenschlächterei zu legitimieren. Vielleicht unabsichtlich verdeutlichen Mill wie Blair, wie stark die Vorstellung einer regelbasierten, liberalen Weltordnung von der realen Macht abhängt, die sie durchsetzt.

Trotz maximaler westlicher Machtausdehnung muss Tony Blair die Massentötungen auf dem Balkan erleben, die Vertreibungen und ethnisch motivierten Mordaktionen. 1999 dient seine Rede nicht zuletzt der Begründung der NATO-Intervention, die im Kosovo weitere Massenmorde verhindern soll. Wenn John Stuart Mill an eine Intervention denkt, hat er, anders als Tony Blair, nicht zuerst eine militärische Rettungsaktion für bedrohte Menschen vor Augen. Er fürchtet sich vielmehr vor den absehbaren Schäden eines jeden Eingriffs von außen. Bei Mill schwingt die Erinnerung an das Drama von 1848 mit, als russisches Militär intervenierte und die ungarische Freiheitsbewegung zerschlug. Und er kennt die Rechtfertigungsreden all der imperialistischen Mächte, die fortwährend irgendwo als »Retter« zur Stelle sind.[152]

Diese Zeitumstände im Blick, entwickelt Mill die folgende Maxime: Demokratische Entwicklung könne nur bei weitreichendem Schutz vor fremder Intervention gelingen. Komme die Selbstregierung hingegen »im Tornister« einer liberalen Interventionsarmee daher, so schreibt er, unterminiere sie sich selbst. In den Augen der Bürger legitimiere allein die Selbstbefreiung die Selbstregierung. Aus heutiger Sicht erscheint auch Mills Warnung weitsichtig, eine Regierung auf der Grundlage fremder Hilfe bleibe dauerhaft abhängig.

Mill sieht nur wenige, zusätzlich durch Bedingungen eingeschränkte Ausnahmen vom Interventionsverbot[153], darunter den Fall des Bürgerkriegs, der in ein militärisches Patt führe und deshalb die Zivilbevölkerung dauerhaft leiden lasse. Damit tastet Mill sich vorsichtig an das heran, was heute humanitäre Intervention heißt.[154]

Tony Blair bestreitet 140 Jahre später keineswegs, dass Nichtintervention eine Bedingung freier Selbstregierung sei. Aber er erweitert Mills Ausnahmenkatalog. Und zwar so weit, dass fraglich erscheint, ob es sich noch um Ausnahmen handelt. Genau deshalb spricht Blair von einer neuen »Doktrin«, die für das Zeitalter nach dem Ende des Kalten Krieges gedacht ist, für die Ära der Menschenrechte und für die Phase der US-Weltdominanz.

Blair, darin ganz Kind seiner Zeit, verfolgt einen kosmopolitischen Ansatz. In moralischer Hinsicht ist die Erde für ihn flach. Alle Menschen sind gleich, und jedes Verbrechen gegen die Menschenrechte ist verabscheuungswürdig, egal wo es sich zuträgt. Blair ist, in den Worten Michael Ignatieffs, ein Produkt der »moralischen Globalisierung«[155], eine Art Vorzeige-Universalist. Als Premierminister will er »die Menschenrechtsprinzipien politisch und mit dem Stahl des Militärs absichern«.[156] Wie Blair in seiner Chicagoer Rede erklärt, möchte er nichts weniger als »die Werte von Freiheit, Rechtsstaatlichkeit, Menschenrechten und offener Gesellschaft etablieren und verbreiten«. Und zwar als Ganzes, im Paket. Denn, so Blair: »Werteexport wird uns sicherer machen.«[157]

Tony Blair verkörpert den Typus des offensiven Liberalen, der die Welt verbessern möchte und sich nicht damit zufriedengibt, das Schlimmste zu verhindern. Und er bringt die notwendige Zuversicht mit, dass die demokratische Mission in der Welt auf Gegenliebe stoßen wird; sie wird sich nach Blair sehr wohl durchsetzen lassen, inklusive gelegentlicher global-polizeilicher Militärinvasionen. Weil Blair den Zeitgeist innerhalb westlicher Regierungen repräsentiert, sind seine Gedanken wirkmächtig. Für viele westliche Staaten sind friedenserhaltende und -erzwingende Missionen zeitweise der wesentliche Grund, überhaupt Streitkräfte zu unterhalten.[158]

Allerdings fußt Blairs Gedankengebäude auf Grundlagen, die 20 Jahre später fraglich erscheinen: etwa dass die Vereinigten Staaten ihre Rolle als Hüter dieser internationalen Menschenrechtsgemeinschaft immerfort spielen werden; dass ein gestärktes Europa in dieser Mission unverbrüchlich an Amerikas Seite stehen wird; dass beide, Europäer wie Amerikaner, die Durchsetzung der Menschenrechtsordnung nicht nur als ihre moralische

Pflicht erkennen, sondern als ihr aufgeklärtes Selbstinteresse; dass die Bevölkerungen nichtwestlicher Länder stillschweigend einverstanden sind, weil sie sich Freiheit und Demokratie wünschen; und dass es deshalb zumeist ausreichen wird, einen Despoten aus dem Amt zu jagen, um die Bedingungen für liberalen Fortschritt zu schaffen.[159]

Inzwischen gilt Blairs Doktrin als wichtiges Zeitdokument des westlichen Interventionismus nach 1989. Es symbolisiert die Überspannung und letztlich Überforderung, normativ wie machtpolitisch, die sich der Westen aufgebürdet und zugemutet hat. Es zeigt, wie menschenrechtlicher Idealismus in ein ambitioniertes Ordnungskonzept münden und welche Folgen das haben kann. Nicht wenige Staaten verstehen nämlich die westliche Interventionsbereitschaft keineswegs als Altruismus, sondern als idealistisch aufgeladene und deshalb besonders perfide Strategie des Machterwerbs. Sie begreifen Interventionen im Namen der Menschenrechte als direkte Bedrohung eigener Souveränität, gegen die es sich zu schützen gilt. Beispielsweise hat Indien das westliche Eingreifen in den jugoslawischen Nachfolgestaaten ausdrücklich als Begründung für die Entwicklung eigener Atomwaffen genannt.[160]

Wie so oft hat alles mit besten Absichten begonnen, nämlich 1948, als die Allgemeine Erklärung der Menschenrechte in der Präambel die Absicht der UN-Staaten erklärt, »Freiheit, Gerechtigkeit und Frieden in der Welt« durch den Respekt vor »der Würde und dem Wert der menschlichen Person« fördern zu wollen. Dieser Wertekatalog, geboren aus dem Entsetzen über die Gräueltaten des Zweiten Weltkriegs, soll staatlichem Handeln im Namen der Würde des Einzelnen Grenzen setzen. Die Erklärung, wiewohl rechtlich zunächst nicht bindend, leitet in den folgenden Jahrzehnten tatsächlich die Aufweichung der Norm von der Nichtintervention ein. Eine Verschiebung von den Souveränitäts- zu den Menschenrechten beginnt. Und sie mündet, kurz vor der Jahrtausendwende, im Konzept der »konditionalen Souveränität«, das der damalige UN-Generalsekretär Kofi Annan fördert.[161]

Dieses Konzept folgt der Vorstellung, dass staatliche Souveränitätsrechte nicht absolut gelten, sondern an die Einhaltung grundlegender Staatspflichten gebunden sind. Dazu zählt, Leib und Leben der eigenen Bürger zu schützen. Wenn eine Regierung das nicht tut, es nicht tun will oder tun kann, also entweder selbst die Menschenrechte der eigenen Bevölkerung massiv verletzt oder die Bevölkerung nicht vor Gräueltaten schützen kann, so riskiert dieser Staat, sein Recht auf Nichtintervention zu verlieren. Dann geht die Verantwortung zum Schutz der Bevölkerung auf die internationale Gemeinschaft über.[162] Diese »Schutzverantwortung« (»Responsibility to Protect«, kurz »R2P«)[163] darf nur als Ultima Ratio und nur in wenigen Fällen zur militärischen Intervention führen, nämlich bei Völkermord, Kriegsverbrechen, Verbrechen gegen die Menschlichkeit und bei ethnischen Säuberungen. Und das auch nur nach Autorisierung durch den UN-Sicherheitsrat. Diese Doktrin ist (noch) nicht völkerrechtlich bindend, weil sie sich bisher allein auf eine Resolution der UN-Generalversammlung (2005) stützt.

Aber die Entwicklung entspricht doch klassischem liberalem Denken, weil sie der Vorstellung folgt, die Realität werde sich am Ende der Rechtsentwicklung anpassen. Würde R2P zum geltenden Völkerrecht, wäre es der Abschluss einer Entwicklung, die nach der Befreiung der Konzentrationslager 1945 mit dem Schwur »Nie wieder!« ihren Anfang nahm.

In der Praxis hatte dieser Schwur zunächst keine erkennbaren Folgen, jedenfalls nicht bis 1989 und nicht im Hinblick auf humanitäre Interventionen. Deren Geschichte ist anfänglich eine Geschichte des Wegschauens. In einer Welt der Realpolitik zeigt sich mitten im Systemkonflikt zwischen Ost und West nirgends ein edler Ritter, der interessenfrei humanitäre Ziele militärisch durchsetzen will. Im Gegenteil: Eine Intervention, die sich humanitär nennt, verdient besondere Skepsis. Mit dem Rettungsgebot für Zivilisten bemänteln vor allem Großmächte gern ihre Invasionen. Die Liste der Interventionen allein der Mitglieder des UN-Sicherheitsrates (mit Ausnahme Chinas) ist beträchtlich.[164] Und die Taktik des Camouflierens von interessengeleiteten Interventionen ist seither keineswegs aus der Mode gekommen. Präsident Wladimir Putins Porträt der russischen Krimannexion (2014) als Operation zum Schutz der Menschenrechte einer ethnisch-nationalen Gruppe, der Russen, trägt beinahe parodistische Züge. Aber auch die Begründungen der russischen Intervention in Georgien (2008) und der Invasion der Vereinigten Staaten im Irak (2003) sind in dieser Hinsicht Klassiker.

Zugleich ist seit dem Ende des Ost-West-Gegensatzes erstmals ein Bemühen zu erkennen, es nicht mehr zu

Menschheitsverbrechen kommen zu lassen und früh zu reagieren. Der Intervention der Vereinigten Staaten in den Bürgerkrieg im Hungerland Somalia (1992) wird man einen humanitären Charakter nicht absprechen wollen. Dem amerikanischen Eingreifen in Haiti (1994) ist zumindest eine Mischung aus humanitären Zielen und nationalem Interesse zuzubilligen. In große Verzweiflung hat viele Menschenrechtler die Unwilligkeit gestürzt, beim Völkermord in Ruanda (1994) oder den Massentötungen im bosnischen Srebrenica (1995) einzugreifen. Gerade dieses Versagen hat den Druck gesteigert, keine weiteren genozidalen Krisen zuzulassen – was schließlich zum Eingreifen im Kosovo (1999) führte. Dass der syrische Bürgerkrieg (ab 2012) trotz des Leidens der Zivilbevölkerung keine Intervention auslöst, die libysche Variante (2011) aber schon, wirft Fragen zu Widerspruchsfreiheit und selektivem Vorgehen auf. Die Antwort wird nicht einfacher, wenn man darüber hinaus noch fragt, warum die Verbrechen im jemenitischen Bürgerkrieg (spätestens seit 2015) oder die Massenvertreibung von Rohingyas aus Myanmar (2017) nicht einmal eine globale Debatte über Intervention wert zu sein scheinen.

Trotz lauterer Absichten hat die Politik des militärischen Schutzes vor massenhaften Menschenrechtsverletzungen die Welt also einstweilen in erhebliche Verwirrung gestürzt: »Wir wissen nicht genau, wem wir helfen müssen, was genau wir tun sollen und wie das ›wir‹ sich überhaupt bildet, das verpflichtet ist zu helfen«, schreibt George R. Lucas von der amerikanischen Marinehochschule in Annapolis.[165]

Dabei sollte doch eigentlich die neue Doktrin der Schutzverantwortung dazu dienen, die wichtigsten Fragen zu ordnen, besonders nach dem gerechten Anlass, den Umständen und der Legalität. Und die Intervention in Libyen sollte ein Vorzeigefall sein, da sie die erste internationale Militärmission ist, die sich – vom UN-Sicherheitsrat autorisiert – ausdrücklich auf die Schutzverantwortung beruft. Doch R2P, so viel ist gewiss, hat einstweilen weder die moralische noch die völkerrechtliche Bewertung von Interventionen vereinfacht. Der Libyeneinsatz westlicher Staaten ist und bleibt so umstritten wie seine humanitär begründeten Vorgänger, die sich auf keinerlei UN-Doktrin stützen konnten.

Die von der NATO angeführte Streitmacht muss harte Kritik dafür einstecken, dass sie einseitigen und übertriebenen Lageinformationen aufgesessen und damit zum Instrument einer Partei im Bürgerkrieg geworden sei. Sie habe ihre Mission während der Kampfhandlungen verändert. An die Stelle des humanitären Ziels, eine von Mord bedrohte Bevölkerungsgruppe zu retten, sei der machtpolitisch begründete Sturz eines Diktators getreten. Am Ende habe die Allianz weder eine Idee für eine bessere Nachkriegsordnung gehabt noch den Willen, in die Zukunft des Landes zu investieren.[166]

Wie auch immer diese Anwürfe zu bewerten sind[167], so hat die Anwendung der Doktrin von der Schutzverantwortung jedenfalls *eine* gängige Kritik eher noch verschärft: dass die humanitäre Intervention eine Lizenz für Großmächte sei, über kleinere Länder herzufallen. Und da R2P eine Geburt aus der Ära der US-Hegemonie sei, handele es sich in Wahrheit um ein hübsch verpacktes Instrument der amerikanischen Weltherrschaft.[168]

Natürlich wären klinisch reine Interventionen wünschenswert, interessenbefreit und zu hundert Prozent am globalen Gemeinwohl orientiert, ohne den Fingerabdruck einer Großmacht. Doch solch feinsinnige Konstruktionen gibt es nur in den Denklaboren von Politikwissenschaftlern und Völkerrechtlern. Das wahre Leben hält hingegen eine andere Realität bereit: Eine Welt, in der andere Mächte als die Vereinigten Staaten und ihre Verbündeten mit gewisser Regelmäßigkeit Vertreibungen und Genozide stoppen, gibt es nicht.[169]

Die Bundesrepublik entzieht sich den Widersprüchen der Libyenintervention, indem sie sich im UN-Sicherheitsrat der Stimme enthält, als es um die Autorisierung von Gewalt geht. Einige Gedankenakrobatik ist dazu notwendig. »Die Alternative zum Militärischen Eingreifen ist für uns nicht Tatenlosigkeit«[170], argumentiert Bundesaußenminister Guido Westerwelle. Die Bundesregierung leiste humanitäre Hilfe und dringe auf scharfe Sanktionen. Solange es kein Ölembargo und kein Zahlungsmoratorium gebe, seien die zivilen Mittel nicht ausgereizt. Die Bundesregierung unterschlägt dabei, dass für Sanktionen keine Zeit bleibt. Es ist fünf vor zwölf. Der angekündigte Massenmord der Bevölkerung von Bengasi steht zu diesem Zeitpunkt unmittelbar bevor.

Auf diesen Widerspruch weist die Bundesregierung unabsichtlich selbst hin, als die Bundeskanzlerin am Tag nach der UN-Abstimmung in Paris zum Koordinierungstreffen der Interventionsallianz auftaucht und so tut, als gehöre die Bundesrepublik zum Bündnis, das die Schutzverantwortung übernehmen will. Sie sagt bei dieser Gelegenheit: »Unsere Enthaltung ist nicht mit Neutralität zu verwechseln. (...) Die Ziele dieser Resolution teilen wir uneingeschränkt.«[171] Ganz so, als gebe es keine Relation zwischen Ziel und Mitteln. Alles nach dem Motto: Wasch mir den Pelz, aber mach mich nicht nass. Adelbert von Chamissos Schalk Schlemihl hätte schlitzohriger nicht auftreten können. Einen Peinlichkeitsgipfel erklimmt schließlich Bundesaußenminister Westerwelle, als er nach dem militärischen Erfolg der Koalition den Eindruck zu erwecken versucht, der libysche Diktator sei nicht zuletzt durch Deutschlands Wirken zu Fall gebracht worden. Die Sanktionen seien »augenscheinlich erfolgreich« gewesen.[172]

Derlei intellektuelle Gymnastik repräsentiert aufs Schönste Deutschlands Zugang zum Phänomen des Gewalteinsatzes zu humanitären Zwecken. Wo das Prisma jeglicher Bewertung das Bestehen vor der deutschen Vergangenheit ist, stellt sich die Frage meist folgendermaßen: »Nie wieder Krieg« oder »nie wieder Auschwitz«? Die außenpolitischen Experten fügen noch die Bündnisfrage hinzu: »Nie wieder Krieg« oder »nie wieder alleine«? In diesem Geflecht aus Dilemmata scheint sich zunehmend durchzusetzen, was der Politikwissenschaftler Christian Hacke eine »zivile Sonderwegsmentalität«[173] nennt – mit dem Ziel: raushalten.

In der deutschen Debatte um den militärischen Schutz von zivilen Opfern geht es nämlich vor allem um eins: um Deutschland. Jedenfalls gibt Deutschland in seinem

Verhalten nicht zu erkennen, dass es internationale Verantwortung im Ringen um Interpretation und Fortentwicklung einer UN-Norm übernähme. Der Widerspruch zu Deutschlands Bekenntnis zum Multilateralismus und zu den Menschenrechten ist augenfällig. Und die Tatsache, dass die NATO und besonders die Vereinigten Staaten dabei eine herausgehobene Rolle spielen, stört die deutsche Diskussion scheinbar nur. Das würde die Dinge nur weiter komplizieren.

Die Spannung zwischen menschenrechtlicher Verantwortung und nationalem Machtstreben aufzulösen oder doch zu verringern, ist außerhalb Deutschlands ein Kern der Debatte um humanitäre Interventionen. Der offensive Liberalismus hat den Versuch unternommen, aus der Not eine Tugend zu machen und miteinander zu versöhnen, was nicht so einfach zusammenpasst. Darum bemüht sich jedenfalls Tony Blair in seiner Rede aus dem Jahr 1999. Er strebt eine »geschickte Mischung« an aus »Eigeninteressen« und dem »moralischen Ziel« der »Verteidigung jener Werte, die wir schätzen«. Und »jene, die die Macht haben«, trügen für die Durchsetzung »die Verantwortung«.[174] Gemeint sind natürlich die Vereinigten Staaten.

Dort ist diese Vorstellung einigermaßen populär, jedenfalls in den Jahren der größten Machtausdehnung und bei der Mehrzahl der liberalen Internationalisten aus dem rechten wie dem linken politischen Spektrum. Den Linken erlaubt diese Kombination, sich mit amerikanischer Machtausdehnung zu befreunden, die sie spätestens seit dem Vietnamkrieg eher skeptisch sehen. Nun lässt sich argumentieren, dass die USA, auch Amerikas Militär, ein

Werkzeug zur Verfolgung moralischer Ziele sei, nämlich des Baus einer besseren, gerechteren Welt, einer Welt ohne die Menschheitsverbrechen von Völkermord und Vertreibung, einer Welt, die alle gemeinsam anstrebten, auch mit Hilfe der Vereinten Nationen.[175] Die Rechten berufen sich so gut wie nie auf die UN, dafür umso mehr auf den amerikanischen Exzeptionalismus und die für überlegen gehaltenen demokratischen Grundwerte der Vereinigten Staaten. Die Befreiung von der Geißel der Tyrannei (und auch vom Fluch des Terrorismus) werde Amerika und die Welt sicherer machen. Für diese Denkschule ist die demokratische Umgestaltung des Nahen Ostens der erste Schritt.[176]

Beide Seiten des politischen Spektrums verbindet in den Jahren nach 1989 die Hoffnung, die Welt werde dieses expansive Verständnis der amerikanischen Führungsrolle begrüßen. Denn in der Vorstellung vom kommenden demokratischen Frieden steckt der Glaube, Bevölkerungen überall auf der Welt sehnten Selbstbestimmung, Demokratie und Menschenrechte herbei und würden deshalb all jene unterstützen, die Demokratie, Selbstbestimmung und Menschenrechte brächten, und sei es auf der Spitze von Bajonetten.

Nun ist aber, etwa ein halbes Dutzend Interventionen später, der demokratische Frieden nicht in Sicht. In der Welt wächst stattdessen der Unmut gegenüber dem Maximalismus eines Werteexports mit Waffengewalt. Die Machtressourcen zu dessen Durchsetzung schrumpfen. Und die Vermischung von Kategorien hat in einen intellektuellen Morast geführt, in dem die Intervention als humanitärer Notfall in der Mischung unterschiedlicher Formen militärischen Eingreifens nur noch schwer erkennbar scheint.

Das alles trägt zum Wachstum jener Gegenbewegung bei, die als Rechtspopulismus die politischen Systeme der westlichen Staaten aufmischt.[177] Doch wehe, diese neuen Nationalisten setzen sich durch. Sie propagieren die Rückkehr zum traditionellen Nationalstaat, der befestigt ist durch Grenzzäune und die unumstößliche Norm zur Nichtintervention. Das klingt zunächst nach Selbstzufriedenheit und Zurückhaltung.

Die Geschichte aber zeigt, dass Nationalisten in Wahrheit nur andere Gründe zur Rechtfertigung von Interventionen bevorzugen. Die Welt ist für sie eine Arena, in der alle mit allen im Wettkampf um Vorteile stehen und dazu allerlei Mittel recht sind.[178] Deshalb sind Interventionen die Regel, deren Ziel Machtzugewinn, Prestige oder Profit sind. Wer also die Ära der liberalen Hegemonie kritisiert, weil sie einer einzelnen Großmacht zu viel Spielraum ließ, wird sich noch wundern, wie die Großen mit den Kleinen im hobbesianischen Getümmel der antiliberalen Gegenrevolution umspringen werden – falls dazu Gelegenheit besteht.

Es wäre also besser, das Kind nicht mit dem Bade auszuschütten. Es kann nicht das Ziel sein, im Namen eines nostalgischen Nationalismus Wegschauen zur Politik zu erklären, nur weil die richtige Politik für das Hinschauen noch nicht gefunden ist. Es gilt, darüber nachzudenken, wie der zivilisatorische Fortschritt des Menschenrechtsschutzes zu sichern und praktikabel zu machen ist, auch in einer künftigen Welt mit verschiedenen Ordnungsmodellen. Das ist der Kern des liberalen Anspruchs.

Voraussetzung dafür ist es, sich von einigen hochfliegenden Ambitionen zu verabschieden. Der Westen wird der Welt nicht das ganze Paket aus Freiheit, Rechtsstaatlichkeit, Menschenrechten und offener Gesellschaft frei Haus liefern können, jedenfalls nicht »im Tornister« einer liberalen Befreiungsarmee, um mit John Stuart Mill zu sprechen. Die Freiheit muss den Staaten der Welt selbst gelingen. Sehr wohl könnten die Länder des Westens Vorbild sein. Und das wäre schon viel. Denn Vorbild zu sein, setzt vorbildhaftes Verhalten voraus – auch daran hat es in der Vergangenheit durchaus gemangelt. Dazu zählt, die eigenen Irrwege zu identifizieren und Verstöße gegen die eigenen Normen zu ahnden. Das wäre die beste Art der Selbstkorrektur und der Selbstbegrenzung, genau jene, die sich im robusten Liberalismus mit seiner skeptischen Grundhaltung findet.

Wenn sich in den vergangenen Jahren die Grenzen des Versuches gezeigt haben, »das Gute« in die Welt zu bringen, so muss das keineswegs bedeuten, sich »dem Bösen« nicht länger entgegenzustellen. Das Konzept der Schutzverantwortung, wenn mit Bedacht und Umsicht angewandt, muss der moralische Mindeststandard von Weltordnung bleiben. Anders als mancher Kritiker behauptet, ist es eben kein westliches Missionsprojekt. Es ist der Versuch, wenigstens die schlimmsten unter den Menschheitsverbrechen zu verhindern. Es wäre voreilig, die neue Doktrin, kaum geboren, schon wieder zu beerdigen, weil sie sich angeblich als nicht umsetzbar erwiesen hat.

Inkohärent mag der Libyeneinsatz gewesen sein. Es wäre nicht die erste Militäraktion, von der das zu sagen wäre. Und angesichts des schwierigen Versuchs, den Schutz verwundbarer Bevölkerungen mit dem Recht auf nationale Souveränität auszubalancieren, ist das auch nicht verwunderlich. Dass der vom regierenden Diktator angekündigte Massenmord durch die Intervention verhindert und Tausende Menschen vor dem Tod gerettet wurden, sollte bei aller Kritik nicht aus dem Blick geraten.

Barack Obama hat mit wenigen Fragen während seiner Amtszeit als US-Präsident stärker gerungen als mit der Frage der humanitären Intervention, nämlich anhand der Fälle Libyens und Syriens. Trotz aller Kritik hat er sich schließlich einer zurückhaltend interpretierten Version der Schutzverantwortung angeschlossen: »Das Prinzip der Souveränität steht im Zentrum unserer internationalen Ordnung. Aber Souveränität kann kein Schutzschild für Tyrannen sein, um die teuflischsten Morde zu begehen. Obwohl wir unsere Zuversicht bremsen sollten, wir könnten uns jedem Übel entgegenstellen und obwohl wir im Auge behalten müssen, dass die Welt voller unbeabsichtigter Folgewirkungen ist, so müssen wir uns doch fragen, ob wir wirklich akzeptieren wollen, hilflos zu sein im Angesicht von Ruanda und Srebrenica. Wenn das die Welt ist, die die Leute wollen, dann sollen sie das sagen und die kalte Logik der Massengräber akzeptieren.«[179]

Wenn die Schutzverantwortung fortentwickelt werden soll, gibt es einiges zu verbessern. Im Geiste eines skeptischen und robusten Liberalismus wäre das mindestens viererlei: Erstens ist genauer zu bestimmen, wann der

R2P-Fall eintritt. Wann sind Verbrechen gravierend genug, um Eingreifen von außen zu rechtfertigen? Gewiss muss es ein humanitärer Notfall sein. Die Umstände müssen außergewöhnlich sein. So außergewöhnlich, dass die Taten »das Gewissen der Menschheit« schockieren, um eine Formulierung Michael Walzers aufzugreifen.[180] Das wäre eine enge Definition, enger, als manchem recht sein wird.

Zweitens wird die Neutralitätsfrage eindeutiger beantwortet werden müssen. Wie können die Prinzipien des Multilateralismus im Rahmen der Vereinten Nationen aufrechterhalten werden, wenn die Ausführung einer Mission an militärisch fähige Kräfte abgegeben werden muss, also an ein Militärbündnis, das Großmächte beinhaltet? Drittens wird zu klären sein, was geschehen soll, wenn nicht nur die lokale Regierung ihrer Verantwortung zum Schutz der Bevölkerung *nicht* nachkommt, sondern *auch nicht* der UN-Sicherheitsrat. Ist Paralyse, also Lähmung, die notwendige Folge des Vetorechts im Sicherheitsrat?[181] Und viertens wird genauer zu regeln sein, was nach einer Intervention zu geschehen hat, und zwar mit den früheren Opfern wie mit dem ganzen Land. Denn ein Teil der Legitimation eines Eingreifens von außen besteht in der begründeten Aussicht auf Verbesserung der Verhältnisse vor Ort.

Wenn die Doktrin von der Schutzverantwortung praktischer und präziser interpretiert wird und ihre Anwendung auf die gravierendsten Fälle beschränkt bleibt, dann können sich auch die Vereinigten Staaten als potenziell wichtigster Truppensteller einfacher damit befreunden. Es gilt, den USA die Bürde abzunehmen, fortwährend als weißer Ritter der Weltpolitik unterwegs sein zu sollen. Zu den übersehenen Elementen der Legitimierung der Schutzverantwortung zählt nämlich auch die *innenpolitische* Legitimierung von R2P in den Vereinigten Staaten.

Und die kann nicht erlangt werden, wenn die offensiven Liberalen weiter darauf beharren, amerikanische Macht bringe das Gute in die Welt und militärischer Werteexport werde die Welt sicherer machen. Trotzdem wird es immer das Dilemma humanitärer Interventionen bleiben, dass sich darin in unordentlicher, manchmal schmutziger Kombination nationale Interessen und menschenrechtliche Verantwortung zusammenfinden.

R2P ist eine Art Notrufnummer der Weltgemeinschaft. Sie kann als Rettungsinstrument nur überleben, wenn die Wahrnehmung von Schutzverantwortung auch in den Vereinigten Staaten besser abgrenzbar wird gegenüber anderen Formen militärischen Eingreifens.

Zu den Ironien der Gegenwart zählt das Postskriptum, dass die Einhegung der liberalen Emphase in Zukunft zu weniger Interventionen führen könnte, aber nicht zu weniger internationalen Spannungen. Denn die aufkommende Großmachtkonkurrenz und die Rückkehr des geopolitischen Wettbewerbs in zuvor wettbewerbsarme Zonen wird mehr Wachsamkeit und stärkere militärische Abwehrbereitschaft erfordern. Das zählt zu den Folgen der Renaissance des Nationalismus. Die erfolgversprechendste Haltung, sich dieser Gefahr zu stellen, bleibt ein Liberalismus, der sich skeptisch, defensiv und robust zeigt.

9. Welthandel: Internationale Regeln durchsetzen

China ist des Westens große Enttäuschung. Wie kein anderes Land repräsentiert die Volksrepublik die unerfüllte Hoffnung auf Konvergenz mit dem Westen. Lange, sehr lange, hat es gedauert, bis das Licht der Hoffnung zu erlöschen begann. Doch dann ist es geschehen, schwer übersehbar selbst für die größten Sino-Optimisten. Es ist aber in den vergangenen Jahren nicht nur eine Illusion zerplatzt, ein Wunschbild, das in den Zeiten des liberalen Überschwangs entstand.

Inzwischen stellt sich die Frage anders, radikaler und bedrohlicher: Wird es diesem zunehmend ausgreifenden Regime gelingen, seinerseits die bestehende Ordnung zu unterminieren und so viel Druck auszuüben, dass in Zukunft die Regeln aus Peking gelten, nicht länger jene aus New York und Genf, Washington und Brüssel?

Wer sich dieser Aussicht nicht ergeben möchte, der wird sich den eigenen Liberalismus notgedrungen ziemlich robust denken müssen. Die Frage ist dann aber immer noch: Wie viel Robustheit ist klug? Und welche Art von Robustheit ist selbstschädigend?

Seit Deng Xiaoping 1978 die Reform- und Öffnungs-
politik einleitete, ist die westliche Interpretation Chinas
einer liberalen Modernisierungs- und Konvergenztheorie
gefolgt. Sieben amerikanische Präsidenten, vier deutsche
Bundeskanzler und ungezählte Premierminister aus europäischen Staaten vertrauten auf die subversive Kraft der
Marktwirtschaft: Handel schafft Wandel, auf Öffnung
folgt Freiheit. Davon waren Linke wie Rechte überzeugt,
Politiker wie Akademiker.[182]

Besonders emphatisch wurde dieses Argument während der Debatte um Chinas Beitritt zur Welthandelsorganisation (WTO) vorgetragen. So erklärte damals, im
Jahr 2000, US-Präsident Bill Clinton:»Mitgliedschaft in
der WTO wird natürlich nicht über Nacht eine freiheitliche Gesellschaft in China entstehen lassen oder auch nur
garantieren, dass China sich an die Regeln hält. Aber ich
glaube, dass sich China im Laufe der Zeit schneller und
weiter in die richtige Richtung bewegen wird. (…) Wenn
Menschen die Möglichkeit erhalten, nicht nur zu träu-
men, sondern ihre Träume zu realisieren, dann werden
sie größere Mitsprache verlangen.«[183] Noch unverblümter,
noch optimistischer, noch zukunftsgewisser formulierte
es der republikanische Kandidat für Clintons Nachfolge,
der spätere Präsident George W. Bush:»Freiheit lässt sich
nicht einfach einhegen. Sobald ein Maß wirtschaftlicher
Freiheit gestattet wird, wird ein Maß politischer Freiheit
folgen. (…) Wirtschaftliche Freiheit erzeugt die Gewohnheit der Freiheit. Und die Gewohnheit der Freiheit erzeugt
die Erwartung von Demokratie.«[184]

Nun waren Präsident Clinton und auch sein Nachfolger nicht einfach nur gutgläubig. Sie bauten Vorbehalte in ihr Argument ein. Es gebe, meinte Clinton, »keine Garantien« für den Stufenprozess, der aus Öffnung erst Regeltreue und dann Demokratie machen sollte. Für den vorhergesagten Gang der Dinge könne man keine Beweise liefern, nur »Beispiele« finden, sagte Bush. Und wiederum Clinton: »Wenn wir den Chinesen den Rücken zuwenden, dann werden sie ganz sicher in die falsche Richtung gehen.«[185] Am besten beschrieb die Logik der Öffnung der Harvard-Politologe Joseph Nye: »Wenn wir China wie einen Feind behandeln, dann ist uns ein Feind garantiert. Wenn wir China wie einen Freund behandeln, wird nicht Freundschaft garantiert sein, aber die Möglichkeit eines guten Ausgangs bleibt erhalten.«[186]

Weil aber die Öffnung gegenüber einer so großen Kommandoökonomie Risiken barg, verließen sich die Amerikaner nicht nur auf Handelsabkommen und auf die transformative Kraft der Freiheit. Sie bauten zugleich ihre Beziehungen zu den demokratischen Partnerländern rund um China aus und zogen sich auch militärisch nicht aus der Region zurück. Das war Amerikas Versicherungspolice.

Auch in der Rückschau wird man den Verantwortlichen jener Jahre nicht ihren Versuch vorhalten wollen, Kooperation der Konfrontation vorzuziehen, auf einen Engelskreis statt auf einen Teufelskreis hinzuarbeiten und dabei vom riesigen chinesischen Wachstumsmarkt zu profitieren. Es gab ja auch enorme Erfolge. Noch 2016 beschrieb Bundeskanzlerin Angela Merkel die Beziehungen der westlichen Staaten zu China so, wie es die Chinesen besonders gern hören: als »win-win«[187], zum allseitigen Vorteil.

Die Wachstumsraten von Wirtschaft und Handel waren wahrlich märchenhaft: China ist seit 1978 von Platz 32 auf Platz 1 unter den Exportnationen der Welt aufgestiegen.[188] Das Land führt heute an einem einzigen Tag viel mehr Waren aus als im gesamten Jahr 1978.[189] Zwischen den Vereinigten Staaten und China hat sich das Handelsvolumen zwischen 1986 und 2016 verdreißigfacht.[190] Deutschland hat vor allem von den eigenen Ausfuhren nach China profitiert. Ihr Wert schnellte allein zwischen 2002 und 2017 von knapp 5 Milliarden Euro auf bald 90 Milliarden Euro empor.[191] Ohne den nicht enden wollenden Boom Chinas wäre Deutschland aus der Finanz- und Eurokrise nicht so glimpflich hervorgegangen und hätte sein zweites Wirtschaftswunder im folgenden Jahrzehnt nicht starten können. Es ist ja auch schwer zu fassen: Seit 2008 hat sich Chinas Wirtschaftsleistung fast verdreifacht.[192]

Zweifellos wäre es ohne Öffnung und ohne marktwirtschaftliche Reformen nicht zu dieser ökonomischen Einmaligkeit gekommen. Dass die Reformen zu langsam vorankommen und nicht weit genug gehen, nicht mal die ganze Wirtschaft erfassen würden, die Gesellschaft nur teilweise und die Politik kaum, dass es Rückschläge geben würde – all das war zu erwarten, quasi eingepreist, jedenfalls bis zu einem gewissen Grad. Auch dies ist den Optimisten heute nicht zum Vorwurf zu machen.

Anzukreiden wäre ihnen hingegen, dass sie viel zu lange ausgeblendet haben, was nicht ins eigene Weltbild passte. Wer einmal ein Weltbild hat, bei dem stirbt bekanntlich die Hoffnung zuletzt. Alles Denken orientiert sich am angenommenen Endpunkt der Entwicklung, dass nämlich China so werden würde »wie wir«. Und wenn denn schon keine Westminster-Demokratie aus dem Reich der Mitte werden könnte, dann jedenfalls ein *responsible stakeholder*[193], ein verantwortlicher Teilhaber an System und Regelwerk der liberalen internationalen Ordnung. Verzögerungen, Auslassungen, Abweichungen, Widersprüche, Rückschläge – das sind in diesem Denken nur Indizien dafür, dass China noch nicht bereit oder noch nicht reif sei für den nächsten Schritt auf dem Weg gen Westen. Ein bisschen mehr Zeit, ein bisschen mehr Kompromissbereitschaft, ein bisschen mehr Weggucken bei Normverletzungen, ein bisschen mehr Toleranz seitens des Westens – und irgendwann würde China den notwendigen Erkenntnisstand erreicht haben, der es zur nächsten Reform befähige. Geht China etwa gegen Dissidenten vor, so sei das kein Zeichen fortgesetzten Kontrollwillens der kommunistischen Partei, sondern ein Indiz für die Schwäche der Führungsmannschaft.[194] Sie müsse sich eben erst machtpolitisch konsolidieren, um dann weiter reformieren zu können.

Diese Interpretation hat etwas Hermetisches. Was immer China tut, es findet seinen Platz in der eigenen Konvergenztheorie. Die eigene Theorie ist deshalb kaum falsifizierbar. Darin besteht aber gerade die Schwäche des unverbrüchlichen Glaubens an die Überlegenheit von Marktwirtschaft und Demokratie: Sie kann einen Tunnelblick erzeugen. Und so zerfließt die Grenze zwischen Optimismus und Determinismus. Dass die Führung der Kommunistischen Partei Chinas ganz andere Ziele verfolgen mag, solche, die sich nicht in die eigene Vorstellung vom Siegeszug der Demokratie einfügen – das ist nicht vorgesehen in dieser Gedankenwelt. So ist aus einer liberalen Mainstreaminterpretation eine Serie von Trugschlüssen und Selbsttäuschungen entstanden.

Der gravierendste Irrtum ist die Bewertung der Zeitenwende von 1989. Dem westlichen Narrativ zufolge wurde Geschichte in Berlin geschrieben, wo die Mauer fiel, nicht in Peking, wo die Panzer rollten. Der Zerfall des Sowjetimperiums schien schlüssig zu belegen, dass die leninistische Wirtschaftsweise gescheitert war, und überall, wo die Planwirtschaft Nationen noch durch die Gegenwart humpeln ließ, würde sie in einem nachholenden Prozess kollabieren. So würde es Kuba, Nordkorea und auch China ergehen. Solche Autokratien müssten also entweder wirtschaftlich scheitern und zu Demokratien werden oder gleich zur Demokratie konvertieren.

Beide Ergebnisse entsprachen den Vorstellungen der liberalen Theoretiker. Deren These von der Unausweichlichkeit der Konvergenz schien noch überzeugender, als sich auch die Nachbarn Taiwan und Südkorea auf den Weg zur Demokratie machten. Und so stellte sich die gewaltsame Niederschlagung der chinesischen Demokratiebewegung 1989 als eine Art Verirrung dar, eine Normabweichung, ein hilfloser Aufstand gegen die unabweisbaren Kräfte der Weltgeschichte.

Und deshalb glaubten in den 1990er Jahren viele im Westen, Fachleute wie Regierungen, dass sich die chinesische Führung besinnen und wieder auf einen Liberalisierungskurs einschwenken werde. Dafür gab es ja auch bald nach dem Massaker von 1989 Indizien. Nach weniger als drei Jahren Schockstarre begann die Parteiführung, über eine neue Welle von Wirtschaftsreformen nachzudenken. Jede Reform, so die Annahme, werde die Notwendigkeit von Folgereformen stärker hervortreten lassen.[195] Und so geschah es ja auch. Chinaexperten hielten es zunehmend für möglich, dass die Partei wieder Schritt um Schritt mehr Pressefreiheit zulassen, mehr Zivilgesellschaft erlauben und mehr politische Konkurrenz innerhalb der Kommunistischen Partei ermutigen werde. Und man hörte es gern, wenn chinesisches Führungspersonal durch den Westen reiste und von der Demokratie als einem »gemeinsamen Streben der Menschheit« sprach, wie es Präsident Hu Jintao 2006 in den Vereinigten Staaten tat.[196]

Doch dieses Denken war nicht zuletzt einem Mangel an Vorstellungskraft geschuldet. Erst 30 Jahre später wird denkbar, dass das wichtigste Ereignis des Jahres 1989 nicht der Fall der Berliner Mauer gewesen sein könnte, sondern die Niederschlagung des chinesischen Volksaufstandes.[197] Die Mehrheit der westlichen Interpreten konnte den Gedanken nicht zulassen, die chinesische Führung habe am Platz des Himmlischen Friedens 1989 keineswegs einen Fehltritt begangen. Vielmehr habe sie eine generationelle Entscheidung getroffen und klaren Sinnes beschlossen, die Herrschaft auf Dauer nicht teilen und schon gar nicht abgeben zu wollen.[198] Dieser Befund hätte freilich die Erkenntnis zur Folge gehabt, dass das Reich der Mitte nicht dem Reich des demokratischen Friedens beitreten wird.

Genauso wenig erwarteten die westlichen Chinabeobachter, dass die Führung der kommunistischen Partei erreichte Fortschritte wieder einkassieren könnte. Weil ja nach westlicher Mainstreamtheorie Liberalisierung und Öffnung Wohlstandsgewinne nach sich ziehen, würde die KP-Führung nicht wagen, solche Fortschritte aufs Spiel zu setzen. Genau das ist aber unter der Führung Xi Jinpings geschehen: eine Volte rückwärts. Es wurde schlicht zu wenig bedacht, dass autoritäre Führungen nicht dem Wohl der eigenen Bevölkerung verpflichtet sind, sondern den eigenen Machterhalt priorisieren.

So kam im Kopfkino der Analysten auch nicht vor, dass sich die chinesische Führung stattdessen auf ein anderes, historisch einmaliges und in sich widersprüchliches Experiment einlassen könnte: nämlich kapitalistische Beschleunigung mit kommunistischer Kontrolle verbinden zu wollen. Und zwar gegen den Zeitgeist und gegen den Trend der Epoche. Gegen die Obersätze aus den Lehrbüchern. Gegen den Rat aus dem erfolgreichen Westen. Und doch ist es das Modell, was wir heute vor uns sehen: chinesischer Staatskapitalismus. Er ist eine Realität. Und zwar eine Realität, die es eigentlich nicht geben dürfte und die deshalb in der Wunschwelt des Westens Übergangscharakter haben musste.

Der zweite große Interpretationsirrtum ist eng verbunden mit dem ersten. Es ist die Annahme, dass technische Modernisierung bei der Befreiung Chinas vom Joch der Unterdrückung helfen werde. Insbesondere das Internet sollte zu einer tödlichen Bedrohung für die Zentralmacht werden. Mobiltelefone würden zu Schwertern in den

Händen einer Befreiungsarmee aus Millennials.[199] Diese Erwartung hatte schon Bill Clinton geäußert: »Im neuen Jahrhundert«, so sagte der Präsident im Jahr 2000, »wird sich die Freiheit durch das Mobiltelefon und durch das Kabel-Modem verbreiten.« Natürlich versuche China, das Internet zu kontrollieren. »Viel Glück!«, wünschte Clinton dabei. An dieser Stelle verzeichnet das Protokoll der Rede »Gelächter« im Saal. Und noch einmal lachten die Zuhörer, als ihr Präsident hinzufügte: »Das ist doch, als wolle man Pudding an die Wand nageln.«[200]

Heute würde niemand mehr lachen. Damals konnte sich eben kaum jemand vorstellen, dass China sein eigenes geschlossenes Internet bauen würde, in dem quasi hinter jedem Internetuser ein Aufpasser steht. In der Demokratisierungserwartung jener Tage fand die Vorstellung keinen Platz, dass Technologie auch zur Turboaufladung eines Unterdrückungssystems dienen könnte. China ist schlicht dabei, die Diktatur neu zu erfinden.[201] In dieser Hinsicht ist noch einiges zu erwarten: Videoüberwachung, Gesichtserkennung, künstliche Intelligenz, Sozialkreditsystem – in der Hand von Böswilligen sind das die Folterinstrumente für ein intelligentes Terrorregime.

So setzt sich die Ansicht immer mehr durch, dass China unter der Führung Xi Jinpings umgeschaltet hat: von wirtschaftlicher Liberalisierung samt politischer Repression auf verschärfte Wirtschaftssteuerung samt politischer Repression. Das Land strebt inzwischen auf einen Technototalitarismus zu, der den Staatskapitalismus unter kommunistischer Führung absichert. Sogar der Bundesverband der Deutschen Industrie, auf der Liste der

Chinakritiker sicher nicht ganz oben, hält die Konvergenzthese für »nicht mehr haltbar« und spricht neuerdings von einem »Systemwettbewerb«. Marktmechanismen seien in China nur noch »punktuell und graduell einsetzbare Mittel«.[202] Aussicht auf Veränderung? Nicht absehbar.

Es bedurfte zweier paralleler Entwicklungen, um das Narrativ derart drastisch zu verändern: der Präsidentschaft von Xi Jinping (seit 2013) und der Präsidentschaft von Donald Trump (seit 2017).[203] Anders formuliert: Chinas Wende ins Totalitäre und Amerikas Wende ins Populistische.

Der Beitrag Xi Jinpings lässt sich stichwortartig zusammenfassen: Nationalismus, expansive Außenpolitik, Aufrüstung zur militärischen Großmacht, Rückkehr zu starker Staatskontrolle über die Wirtschaft, drastische Verschärfung der Unterdrückung, Erhebung zum Herrscher auf Lebenszeit. Besonders Letzteres hat sogar die Aufmerksamkeit derjenigen erlangt, die sich nur selten und oberflächlich mit China beschäftigen.

Donald Trumps Beitrag ist komplexer. Seine Präsidentschaft verdankt sich unter anderem der Fähigkeit, einer grassierenden Globalisierungskritik in der Bevölkerung Stimme zu verleihen. Und diese Kritik richtet sich zuallererst gegen China und dessen Handelspraktiken. Trump hat in seinem Wahlkampf 2016 viele erinnerungsstarke Sätze formuliert, darunter brachiale und groteske. Es war aber eben nicht alles grotesk, was Trump sagte. Zu den wirkungsvollsten Sentenzen zählte die folgende Attacke: »Chinas Beitritt zur Welthandelsorganisation hat den größten Diebstahl von Jobs in der Weltgeschichte ermöglicht.«[204]

Tatsächlich löste Chinas WTO-Beitritt 2001 einen systemischen Schock aus. Nicht nur in China selbst, dessen Exporte sich binnen drei Jahren verdoppelten und binnen vier Jahren verdreifachten. In der westlichen Welt begann schlagartig die Ära der Billigprodukte. Gut für die Konsumenten, aber schlecht für jene, die diese Produkte bisher fertigten. Wie groß die Arbeitsplatzverluste waren, ist schwer zu bestimmen. Eine Million Industriearbeitsplätze seien in Amerika allein zwischen 1999 und 2011 durch chinesische Importe verloren gegangen, behauptet eine Studie.[205] Eine andere besagt, dass 40 Prozent der Verluste von Arbeitsplätzen in der US-Industrie auf das Konto der chinesischen Billigkonkurrenz gingen.[206]

Jedenfalls sind diese unmittelbaren Schockeffekte, wie groß auch immer sie tatsächlich waren, keineswegs allein Anpassungsfolgen der Weltwirtschaft. Sie wurden über die Jahre zunehmend Konsequenz chinesischen Verhaltens. Denn China hat bis heute seine Verpflichtungen nicht erfüllt, die mit dem WTO-Beitritt verbunden waren. Marktzutrittsbeschränkungen, erzwungener Technologietransfer, Diebstahl geistigen Eigentums, diskriminierende Nutzung technischer Standards zur Bevorzugung heimischer Anbieter, Marktverzerrung durch ständige Staatseingriffe, massive Subventionen und Konkurrenzausschluss ausländischer Firmen, ein hoch restriktives Umfeld für ausländische Investitionen samt Eigentumsbeschränkungen – so lautet die Liste der Anklagepunkte.[207] Bald werden seit dem Beitritt Chinas zur WTO zwei

Jahrzehnte vergangen sein, Jahrzehnte der Hoffnung auf eine marktwirtschaftliche Wende. Erlebt hat die Welt aber zuletzt eine ganz andere Wende Chinas – ins Totalitäre.

Besonders ernüchternd ist der Vergleich mit der Erwartung, die um die Jahrtausendwende mit Chinas WTO-Beitritt verknüpft war. Wortführer war wiederum US-Präsident Bill Clinton. Seine Worte werden in die Geschichte als Ausdruck eines tragischen Irrtums eingehen. Oder sollte man besser sagen: als Beispiel für das überzogene liberale Heilsversprechen? Hier also Bill Clinton: »Ökonomisch betrachtet, ist diese Vereinbarung das Äquivalent einer Einbahnstraße. Sie verpflichtet China dazu, seinen Markt zu öffnen. (…) Alles, was wir tun müssen, ist, den Marktzugang zu erhalten, den China schon heute genießt. (…) Zum ersten Mal werden unsere Firmen in der Lage sein, Produkte in China zu verkaufen, die Arbeitnehmer hier in Amerika herstellen – und zwar ohne gezwungen zu werden, die Produktion nach China zu verlegen, die chinesische Regierung als Mittelsmann beim Verkauf zu benutzen oder wertvolle Technologie zu transferieren. Wir werden in der Lage sein, Waren zu exportieren, nicht Jobs.«[208] Ist es angesichts der tatsächlichen Folgen so überraschend, dass amerikanische Wähler in Donald Trumps Satz vom chinesischen Jobdiebstahl eine tiefere Wahrheit erkennen?

Was ist also nun zu tun, angesichts der totalitären Wende in China und damit des Scheiterns der Konvergenztheorie?

Donald Trump und sein Handelsbeauftragter geben jedenfalls die falschen Antworten, auch wenn sie die richtigen Fragen stellen.[209] Ihre Antworten sind populistisch und antiliberal. Sie sind protektionistisch und bestehen vor allem in Strafzöllen. Trump und seine Handelskrieger begegnen chinesischem Nationalismus mit amerikanischem Nationalismus. Die liberale internationale Ordnung ist ihnen egal. Die WTO gilt ihnen nicht als hilfreiches Regelwerk und Instrument gegen Marktverzerrungen, sondern als Hindernis. Sogar ein Freihandelsabkommen mit den wichtigsten Nachbarn Chinas scheuen sie. Was Trump und seine Hintersassen anbieten, ist aggressiver Unilateralismus. Der mag kurzfristig erfolgreich sein, kann aber langfristig leicht scheitern. Denn Trump macht die Vereinigten Staaten zur einsamen Nation und überschätzt damit ihre Macht. Seine Strategie der direkten Konfrontation wird höchstwahrscheinlich nicht erfolgreich sein. Sie ist, wie Trumps amerikanische Kritiker schreiben, »emotional befriedigend, aber diplomatisch desaströs«.[210]

Einen anderen Denkansatz bietet das Konzept des robusten Liberalismus. Es verbindet bescheidene Ambitionen im Umgang mit einer Diktatur mit dem Versuch, liberale Ordnungsstrukturen innerhalb eines Clubs der Gleichgesinnten zu verteidigen. Ein kollektives System, dessen wichtigster Akteur ein Trittbrettfahrer ist, kann nicht funktionieren. Deshalb will auch der robuste Liberalismus Chinas handelspolitische Übeltaten beenden. Allerdings nicht – wie der neue Nationalismus – mit Hilfe von Protektionismus und Handelskriegen (also einer eigenen Form der Regelmissachtung), sondern durch konsequente Regeldurchsetzung. Hierzu bedarf es gemeinsamen, nicht unilateralen Handelns.[211]

Teil eins ist noch relativ einfach: Bescheidene Ambitionen und Erwartungen im Verhältnis zu China drängen sich geradezu auf angesichts von Xi Jinpings Anleihen bei den Repressionsmethoden der Mao-Ära. Teil zwei ist komplexer: Wie robust soll und wie gemeinsam kann die Antwort sein?

Schon eine neue Bescheidenheit der Ansprüche hätte für den Umgang mit China ganz praktische Folgen. Besonders die Deutschen müssten erst einmal den Vorratsschrank der eigenen Illusionen durchforsten und ein paar alte Konserven entsorgen. Keine Fiktionen mehr, kein Wandel durch Annäherung[212], keine strategische Partnerschaft, keine deutsche Sonderbeziehung mit gemeinsamen Kabinettstreffen, stattdessen europäische Gemeinsamkeit, der sich Deutschland unterordnet. Anders geht es nicht mehr, das ist machtpolitische Realität.

Und wenn China nicht mehr der liberale Freund der Zukunft ist, sondern bloß noch eine Diktatur der Gegenwart, dann ist ein neues Spiel eröffnet: Dann kann ein Regelbruch nicht mehr als verzögerte Regelbeachtung verstanden werden, sondern nur noch als das, was es ist: ein Regelbruch. Deshalb muss gelten: Geduld und Nachsicht und gut zureden als schärfste Waffe – das war einmal.

Das mag ungewohnt sein und nach Kraftmeierei klingen, ist aber unvermeidbar. Denn die Politik steht vor einem Dilemma: Sie muss sich entweder mit China oder mit der eigenen Bevölkerung anlegen. Eine echte Wahl ist das nicht. In einer Demokratie haben sich gewählte

Politiker noch nie dauerhaft gegen ihre eigenen Wähler stellen können, ohne verjagt zu werden. So viel ist gewiss: Die Bevölkerungen westlicher Länder werden nicht auf Dauer Politiker wählen, die akzeptieren, dass eine schummelnde Diktatur der wichtigste Nutznießer der liberalen Ordnung ist; sie werden auch nicht akzeptieren, Arbeitsplatzverluste als manchmal unvermeidbare Folge von Freihandel zu sehen und gleichzeitig darauf zu verzichten, chinesische Regelübertretungen zu ahnden.

Das mag in den Vereinigten Staaten nur früher offenkundig geworden sein als andernorts. Diese Stimmung wird auch Deutschland erreichen, sobald Chinas Stärken nicht länger komplementär zu jenen der deutschen Industrie sind, sondern China immer stärker in direkte Konkurrenz zu Deutschland tritt – und dabei seine Handelspraktiken nicht verändert. Wer also die Wahl von Populisten verhindern und Abschottung vermeiden will, der muss den systematischen Missbrauch des Welthandelssystems abstellen wollen. Nur so kann Freihandel jener Eckpfeiler westlicher Identität bleiben, der er seit der Atlantik-Charta (1941) und dem Marshallplan (1948) ist.

Der erste Schritt wäre es, eine »große, kühne und umfassende Klage«[213] gleichgesinnter Staaten gegen China bei der WTO anzustrengen. So nennt das Jennifer Hillman, die für diese Idee wirbt. Sie ist Professorin an der Georgetown University in Washington und war zuvor US-Jurorin im Streitschlichtungsausschuss der WTO. Man sollte meinen: So eine Beschwerde in Genf ist nichts Besonderes, wird dort fast täglich eingereicht. Tatsächlich hat es in der Geschichte der Streitschlichtung bislang

aber nur eine Handvoll Fälle gegeben, die eine Staaten-
koalition angestrengt hat. Das liegt an der Komplexität
und am Koordinierungsbedarf.[214]

Aber genau darum geht es hier: Der Kasus gegen China
muss komplex sein und alle Verpflichtungen umfassen,
die China beim WTO-Beitritt einging und nicht einhielt.
Die Initiative zur Klage wird wohl die Europäische Union
übernehmen müssen, da die Amerikaner unter der Führung von Donald Trump die WTO (im besten Fall) nicht
aktiv nutzen.[215] Wenn eine Koalition von Staaten so eine
Klage gemeinsam einreicht, schützt das jede einzelne
Nation vor chinesischer Vergeltung. Und das wird auch
notwendig sein. Jedenfalls dürfte es die Mutter aller Ver-
fahren bei der WTO werden und wahrscheinlich Jahre
dauern.

China wird so vor Augen geführt, wie gravierend die
Beschwerden sind und wie ernst es den westlichen Ländern tatsächlich damit ist. China kann dann selbst entscheiden, ob es seine Wirtschaftsstrukturen und -regeln
so anpassen kann und will, dass die WTO-Regeln dazu
passen. Wenn China sich nicht ändern will, dann muss
es den Preis seiner Unwilligkeit abwägen. Sollte das Ver-
fahren unbefriedigend verlaufen, ist denkbar, dass einige
Nationen die WTO verlassen, allen voran die Vereinigten Staaten.[216] Oder umgekehrt: China verlässt die WTO,
wie es der frühere amerikanische Unterhändler Harry
G. Broadman vorschlägt. Wenn China sich vernünftigen
Lösungen widersetze, dann solle es »würdevoll die WTO
verlassen, oder man sollte China die Tür zeigen. WTO-
Mitgliedschaft ist eben für kein Land ein angestammtes

Recht.«[217] An so einem radikalen Schnitt kann China jedoch kaum Interesse haben. Immerhin handelt es sich bei der WTO um jene Organisation, von der in den vergangenen beiden Jahrzehnten niemand so profitiert hat wie China selbst.

Für die westlichen Länder stehen zudem weitere Eskalationsstufen offen, die aus Selbstschutz notwendig werden könnten. In der Erkenntnis, dass »die Phase asymmetrischer Offenheit vorüber ist«[218], könnte die Europäische Union nur noch jenen Marktzugang gewähren, den China umgekehrt auch gewährt. Das klingt naheliegend und plausibel, hätte aber Nachteile: Europa schlösse sich chinesischen Regelverletzungen an und griffe bei eigenen Unternehmen in die Vertragsfreiheit ein. Alternativ oder zusätzlich diskutieren Handelsexperten seit einiger Zeit die Möglichkeit, die Bedeutung des gesamten Chinahandels zu reduzieren. Da gibt es eine weiche und eine harte Variante dieser Strategie. Erstere will »Rebalancing«[219], also eine Diversifizierung der Handelsströme über China hinaus sowie mehr europäische Abwehrmaßnahmen gegen unfaire Handelspraktiken. Die zweite setzt auf »Decoupling«[220], also eine schrittweise Lösung von der wirtschaftlichen Verflechtung mit China. Erwartungsgemäß kommt die weiche Linie aus Deutschland, die harte aus den USA. Zumindest bei der Hochtechnologie hat das harte »Decoupling« schon begonnen.

So oder so wird Deutschland vor harte Entscheidungen gestellt, die bisher vermeidbar schienen, teilweise durch Selbstbetrug. Denn solange die Flamme der Hoffnung weiterbrannte, China werde seine Handelspraktiken schon irgendwann ändern, ließen sich munter gute Geschäfte machen und gegenüber Regelverletzungen beide Augen zudrücken. Das wird in Zukunft nicht mehr möglich sein. Nun wird Deutschland sich entscheiden müssen, ob es nur von einer regelbasierten Handelsordnung spricht oder ob es Maßnahmen ergreifen will, sie – zusammen mit anderen – durchzusetzen. Jedenfalls wird das Verhältnis zu China sowohl aus kooperativen wie kompetitiven oder kontroversen Elementen bestehen.[221]

Alle Varianten der Antwort auf die chinesische Herausforderung dürften deutsche Unternehmer, Konsumenten und Arbeitnehmer etwas kosten. Noch teurer wäre es, nichts zu tun und auf robuste Antworten zu verzichten. Es kann zwar nicht klug sein eine aufstrebende Weltmacht eindämmen zu wollen.[222] Es kann aber auch nicht klug sein, zuzulassen, dass das Vertrauen westlicher Wählerschaften in die Vorteile internationaler Arbeitsteilung schwindet. Am Ende sorgt nicht China im Westen für Wohlstand, sondern ein regelbasiertes System freien Handels, das alle Mitglieder für verbindlich halten.

10. Das nationalistische Fieber senken

Die Nach-Nachkriegsära ist ohne Zweifel vorüber. Die Wellen, die das *annus mirabilis* 1989 ausgelöst haben, verebben. Ein neuer Zeitgeist, dessen Konturen noch nicht gänzlich ausgeformt sind, erfasst die westliche Welt. Auch ist noch nicht klar, welches Ereignis die Zäsur am besten symbolisiert. Manche sprechen von 2014 als Epochenjahr und meinen damit das Ende der europäischen Friedensordnung, markiert durch den russischen Einmarsch auf der Krim und die Intervention in der Ostukraine. Plausibel wäre es ebenso, das Brexitreferendum (2016) oder die Wahl Donald Trumps (2016) zu nennen. Als Marker des Übergangs kommen auch Xi Jinpings Machtübernahme als chinesischer Staatschef infrage (2013) oder die Aufhebung seiner Amtszeitbegrenzung und damit quasi die Erhebung zum lebenslangen Herrscher (2018).

Unter den westlichen Staaten kommt diese Wende der Weltläufte keinem Land so ungelegen wie Deutschland. Kein Land hat so sehr vom Status quo profitiert, und kein Land tut sich schwerer, sich nun auf die neuen Verhältnisse einzustellen. 1989 war für Deutschland viel mehr als ein glücklicher Moment, in dem in Berlin die Mauer fiel und damit Einheit, Freiheit und Demokratie in staatlicher Einheit möglich wurden. Deutschland stand diesmal auf der richtigen Seite der Geschichte, nicht – wie zuvor mehrfach – auf der falschen. Und Geschichte schien sich der liberalen Demokratie zuzuneigen. Nun würden also die Kräfte der Geschichte Deutschlands Schicksal bestimmen, und alles würde sich damit weiter zum Guten wenden. Politik hätte nur noch die Aufgabe, diesen wünschenswerten Prozess zu begleiten und zu verwalten. Starker Führung und großer Entscheidungen bedurfte es unter diesen Bedingungen nicht. Man würde mit dem Strom schwimmen. Vieles würde sich ganz von selbst in die richtige Richtung entwickeln.[223]

Deutschland war umzingelt von Freunden.[224] Es war nicht mehr zu groß für Europa, jedenfalls nicht für das gemeinsame Europa der EU, und nicht mehr zu klein für die Welt, jedenfalls nicht für die NATO-Welt. Die deutsche Frage schien gelöst; sie hatte sich geradezu aufgelöst im demokratischen Frieden. Die glückliche Nation konnte nun nach Herzenslust Friedensmacht sein, sich dem Geschäftemachen und dem Sozialstaatsausbau zuwenden.[225] Nicht Deutschland würde sich ändern und anpassen müssen, andere würden das tun müssen auf dem Weg in die Konvergenz mit den führenden Demokratien: Mittel- und Osteuropa, Russland, China, irgendwann der Nahe Osten.

Wenn Menschen aber denken, alles wird gut, egal, was sie tun, dann fehlt, wie der Yale-Historiker Timothy Snyder schreibt, der »Sinn für Verantwortung«.[226] Genau das ist das deutsche Privileg und das deutsche Problem, das sich während der glücklichen Jahre nach 1989 herausgebildet hat. Verantwortung haben die Deutschen überwiegend in jenen Feldern internationaler Politik übernommen, die innenpolitisch vertretbar waren und zudem dem eigenen Selbstbild entsprachen. Und das auch nur indem sie »einen Beitrag« zur Lösung eines Problems leisteten, meistens einen kleinen. Größere Entschiedenheit war ja auch gar nicht sinnvoll, da die Welt und ihre Probleme ohnehin zu groß waren für das kleine Deutschland, und anderen, zuvörderst den Vereinigten Staaten, weit größere Mittel zur Verfügung standen.

Deshalb ist es nicht erstaunlich, dass es Deutschland jetzt besonders schwerfällt, sich neu aufzustellen. 30 Jahre lang hatten die Deutschen eine lineare Erwartung für das Kommende. Ihre Zukunftswünsche schienen glücklich mit dem Gang der Geschichte zu harmonieren. Nun, da es der Geschichte beliebt, eine andere Richtung einzuschlagen, wähnt man sich offenbar erneut in der Hand ebenjener Geschichte – so als sei der Gang der Dinge nichts als eine bloße Fügung. Warum plötzlich annehmen, der Gang der Dinge sei biegsam? Warum glauben, man könne die Zeitläufte beeinflussen, ja, ihren Kurs ändern? Warum für möglich halten, das eigene Gewicht und die eigenen politischen Präferenzen könnten entscheidend sein? Warum nun plötzlich Handlungsmacht verspüren und Handlungsverpflichtung übernehmen?

Jedenfalls wird so erklärlich, warum die Annahme in Deutschland so verbreitet ist, man sei nun einer neuen, von Trumps Amerika geprägten Ära ausgeliefert. Und dieser neue Mainstream des Nationalismus werde den politischen Westen und die liberale internationale Ordnung hinfortspülen – so als sei das alles unvermeidbar und vorgezeichnet und nicht beeinflussbar durch eigenes Handeln und durch die Übernahme von Verantwortung. In diesem Geist der Passivität spiegelt sich neuerlich eine lineare Zukunftserwartung, nur diesmal nicht als Glücksverheißung, sondern in der Form eines Zukunftsfatalismus.

Dabei sind die normativen Grundlagen, die Deutschland seit Jahrzehnten mit dem Westen verbinden, keineswegs infrage gestellt. Die Anziehungskraft der Ideen ist ungebrochen, die von den transatlantischen Revolutionen von 1776 (Amerika) und 1789 (Frankreich) ausgingen und in der Allgemeinen Erklärung der Menschenrechte 1948 quasi globalisiert wurden. Wer heute behauptet, der Westen sei tot, der möge einmal bei jenen Menschen nachfragen, die sich in einem sogenannten »Caravan« bei sengender Hitze auf den Weg durch Mexiko in die Vereinigten Staaten machen. Oder bei jenen Menschen, die 2015 auf der Balkanroute nach Europa wanderten. Oder bei jenen Menschen, die heute ihr Leben riskieren, um in seeuntauglichen Schaluppen irgendwie über das Mittelmeer auf den Kontinent zu kommen. All diese Menschen wollen eben nicht nach Saudi-Arabien oder Katar, nicht nach Singapur oder nach China – oder wie die neureichen Unterdrückerregime auch heißen mögen. Die Flüchtlinge wissen besser als mancher im Westen, was der Westen ist: Man findet dort eben nicht allein das gute Leben. Nein, man weiß, dass dort die Idee von den unveräußerlichen Menschenrechten beheimatet ist, genauso die Gewaltenteilung, die Herrschaft des Rechts, die Volkssouveränität und die repräsentative Demokratie – kurz: Man findet dort die Freiheit.

In aller Welt berufen sich Menschen weiterhin auf diese Idee und auf die Dokumente, in denen sie niedergelegt ist. Darin unterscheiden sich die tschechoslowakischen Verfasser der »Charta 77« nicht von den chinesischen Verfassern der »Charta 08«. Und beide werden sich nicht unterscheiden von den Verfassern einer »Charta 25«, die vielleicht irgendjemand im Iran oder in Saudi-Arabien verfassen wird. All diesen Rufern nach Rechten wird niemand die Würde ihrer Worte nehmen können. Und nichts spricht dafür, dass bestimmte Völker für das Konzept der individuellen Menschenrechte nicht erreichbar seien, wie es die Vertreter des Kulturrelativismus immerfort behaupten. Die Idee, dass Menschen von Natur aus gleich erschaffen sind und ihnen als Menschen gleiche Rechte zustehen, ist der Kern dessen, was den Westen hervorgebracht hat. Er gäbe sich selbst auf, würde er den universellen Geltungsanspruch dieses Diktums aufgeben oder auch nur relativieren wollen.[227]

In den vergangenen 200 Jahren haben jene, die sich zu den Menschenrechten bekennen, viel dazu beigetragen, ihre eigene Glaubwürdigkeit zu erschüttern. Sie haben sich in Widersprüche verstrickt und die eigenen Ideale verraten, von Anfang an und seitdem immer wieder. Trotz dieses mächtigen Drangs zur Selbstschädigung ist es den Westlern letztlich nicht gelungen, das eigene Ideal zu Tode zu verraten, auch weil es zugleich sichtbare Fortschritte und bewundernswerte Fortentwicklungen gab. Heinrich August Winkler spricht von einem »normativen

Prozess« im »normativen Projekt« des Westens, von einer fortwährenden Auseinandersetzung um Definition und Fortentwicklung, Aneignung oder aber Verwerfung der liberalen Werte.[228]

Vor 30 Jahren ist mit der liberalen Hegemonie ein neues, welthistorisch bislang einzigartiges Phänomen hinzugetreten. Nie zuvor hat ein Land, das den Werten der Freiheit verpflichtet ist, den Globus dominiert und zugleich eine Weltordnung der Freiheit angestrebt – unter eigener Führung und mit Dutzenden von gleichgesinnten Verbündeten. 1989 schien eine neue Entwicklungsstufe des Westens anzukündigen.

Dass die liberale Hegemonie schnell an ihr Ende kam und Hybris und Überdehnung dabei eine Rolle spielten, ist kein Grund, gleich die politische Summenbildung der Aufklärung hinter sich zu lassen und sich vom großen Projekt der westlichen Moderne zu verabschieden. Man muss sich ja nicht, wie es die neuen Nationalisten tun, freiwillig im Käfig des Kulturalismus einschließen, Außenpolitik als Machtkampf ethnisch organisierter Kampfbünde, genannt Nationen, verstehen und das »Liberale« an der Demokratie als verzichtbaren, eher störenden Faktor sehen.

Man muss auch nicht, wie es die konservativen Realisten tun, Werte aus der Gleichung nehmen wollen und internationale Beziehungen wieder allein als Lehre von den Machtgleichgewichten sehen. Das mündet, wie bekannt, in zynischer Politik. Und man muss sich schließlich auch nicht, wie es die neuen Fatalisten tun, in sein Schicksal ergeben, sich den Triebkräften der Geschichte beugen und dem scheinbaren Zusammenbruch aller internationalen Strukturen zuschauen – Außenpolitik also als eine Kulturkritik aus Wehleidigkeit und Hasenherzigkeit missverstehen.

Was wir heute erleben, kann sehr wohl ein neuer Häutungs- und Lernprozess des Westens sein; eine neue Auseinandersetzung um Wesen, Bedeutung und Wirkung liberaler Werte in der internationalen Politik. Die Konsequenz aus der Kritik der Antiliberalen kann jedenfalls nicht darin bestehen, sich dem antiliberalen Zeitgeist zu beugen. Statt sich abzuwenden oder zuzuschauen, sollten sich jene, denen die politischen Werte der Aufklärung etwas bedeuten, mitten hineinbegeben ins Getümmel. Wer die Achtung der Menschenwürde als Wesenskern des eigenen Gemeinwesens sieht, dem wird die Fortentwicklung einer internationalen Ordnung etwas bedeuten, deren Kern Werte und Normen sind und deren Ziel die Aufrechterhaltung des Friedens ist. Es gilt also, Flagge zu zeigen und sich einzusetzen. Es gilt, nicht nur Westen zu sein, nicht nur Westen zu leben. Es gilt, Westen zu produzieren. Wer das versucht, wird feststellen, dass es zuhauf Weggefährten gibt. Mit jeder gefährlichen Wendung, mit jedem Fehltritt der neuen Nationalisten wird diese Koalition wachsen. Den erstarkenden Nationalismus können die Anhänger sogar als Chance begreifen: Er hilft, die eigenen Schwächen besser zu verstehen – und zu überwinden.[229]

Niemand sollte Angst haben, hineinzuinvestieren in eine Ordnung, die manche hinfortsehnen und deshalb ihren Untergang beschwören. Nur weil es keine liberale

Hegemonie mehr gibt, muss das nicht bedeuten, dass es keine liberale Ordnung mehr geben wird. Gefragt ist nicht Bewahrung, sondern Erneuerung. Benötigt wird jetzt ein bescheidener, skeptischer, der Realität zugewandter und sich der eigenen Begrenzungen bewusster Liberalismus, der den menschenrechtlichen Kern seiner freiheitlichen Ideen verteidigt und zugleich davon absieht, Unerlöste zu finden, die er bekehren kann, und Monster, die er zerstören will.

Die Zeichen stehen nicht schlecht, dass robuster Liberalismus gelingen kann. Einiges ist schon auf dem Weg. Die liberale Überdehnung könnte enden, schon allein weil die liberale Hegemonie endet. Der demokratische Bekehrungsdrang wird eingehegt werden, schon allein weil ihm die Mittel fehlen. Hybris wird sich verbieten, weil die eigene Bilanz durchwachsen und die Systemkonkurrenz zurück ist. Wer bei den aufstrebenden Autokratien keine demokratische Konvergenz mehr erwartet, dem fällt es leichter, auf Regeltreue in den internationalen Beziehungen zu bestehen. So wird sich neu begründen lassen, warum und wie Interdependenz keine Bedrohung für Bürgerinnen und Bürger darstellt. Und warum und wie grenzüberschreitende Zusammenarbeit geeignet ist, Probleme zu lösen, die ansonsten unlösbar blieben.

Dass die westlichen Staaten in der Lage sind, ihre Außenpolitiken derart zu korrigieren, darf man getrost annehmen. Denn die Demokratie hat sich als äußerst anpassungs- und erneuerungsfähig erwiesen. Sie wird gewiss nie perfekt sein, aber sie ist das einzige politische System, das seine Stärke aus der Selbstkritik zieht. Als

US-Präsident Barack Obama 2015 nach Selma in Alabama reiste, um nach 50 Jahren den Mut und die Entschlossenheit der schwarzen Bürgerrechtler im Kampf gegen Rassismus und Unterdrückung zu würdigen, sagte er: »Gibt es eine größere Form des Patriotismus als den Glauben daran, dass Amerika noch nicht fertig ist, dass wir stark genug sind, um selbstkritisch zu sein, dass jede weitere Generation auf unsere Unvollkommenheit blicken und entscheiden kann, dass es in unserer Macht steht, diese Nation neu zu gestalten und unseren höchsten Idealen näherzukommen?«[230]

Diese Worte sprach Barack Obama 20 Monate vor der Wahl Donald Trumps zu seinem Nachfolger. Dessen Amtsübernahme falsifiziert nicht die tiefere Wahrheit, die in Obamas Worten liegt – auch wenn Trump den liberalen Teil der Demokratie verachtet, angreift, unterminiert und deshalb gleichermaßen alles, was liberal ist an der internationalen Ordnung. Vielmehr beweist dieser extreme Pendelschwung Amerikas nur, dass nichts jemals fertig ist, schon gar nicht die liberale Demokratie. Und deshalb auch nicht das Projekt einer internationalen Ordnung, in der Prinzipien der Freiheitlichkeit ihren Platz haben. Populismus ist kein Schicksal. Das nationalistische Fieber lässt sich senken. Es müssen dies keine Phänomene von Dauer sein. Aber sie werden auch nicht von selbst verschwinden.

Anmerkungen

Alle Weblinks waren bei Drucklegung aktuell und wurden zuletzt abgerufen am 12. Juli 2019.

1 Joachim Gauck, *Rede zum Auftakt der 40. Interkulturellen Woche.* Mainz, 27. September 2015. (www.bundespraesident.de/Shared-Docs/Downloads/DE/Reden/2015/09/150927-Interkulturelle-Woche-Mainz.html)

2 Diese Definition lehnt sich an die ausführlichere Begriffs-klärung von Marc F. Plattner an. Vgl. Marc F. Plattner, *Illiberal Democracy and the Struggle on the Right.* In: Journal of Democracy, Vol. 30, Nr. 1, Januar 2019, S. 5–19. (https://www.journalofdemo-cracy.org/articles/illiberal-democracy-and-the-struggle-on-the-right/)

3 Vgl. Damir Marusic, *The Dangers of Democratic Determinism.* In: American Interest, 5. Februar 2018. (https://www.the-american-interest.com/2018/02/05/dangers-democratic-determinism/)

4 Vgl. Sigmar Gabriel, *Europa in einer unbequemen Welt.* In: Bulletin 117-3, 8. Dezember 2017. (https://www.bundesregierung.de/Content/DE/Bulletin/2017/12/117-3-bmaa-forum.html); vgl. Hanns W. Maull, *Auflösung oder Ablösung?* In: SWP-Studie, Dezember 2017; vgl. auch: Bernd Ulrich, *Guten Morgen, Abend-land.* Köln 2017; vgl. Bernd Ulrich und Jörg Lau, *Im Westen was Neues.* In: Die Zeit, Nr. 43/2017; vgl. Walter Russell Mead, *The Jacksonian Revolt.* In: Foreign Affairs, März/April 2017.

5 Vgl. Patrick Porter, *A World Imagined – Nostalgia and Liberal Order.* In: Policy Analysis, Nr. 843, 5. Juni 2018. (https://www.cato.org/publications/policy-analysis/world-imagined-nostalgia-liberal-order); vgl. auch: Bernd Ulrich, *Stufen transatlantischer Verblendung.* In: Twitter, 14. August 2018. (https://twitter.com/berndulrich/status/985925895805337603)

6 Gernot Erler beschreibt die intellektuelle Marktlage folgen- dermaßen: »Alarmistische Szenarien kommen gut an.« Gernot Erler, *Weltordnung ohne den Westen?* Freiburg 2018, S. 11.

7 Fritz Stern, *Kulturpessimismus als politische Gefahr.* Bern und Stuttgart 1963, S. 1–15; vgl. auch: Christopher Coker, *The Rise of the Civilizational State.* Cambridge 2019, S. 63.

8 Ian Kershaw, *Roller-Coaster. Europe 1950–2017.* London 2018, S. 562.

9 Vgl. Christopher Coker, *The Rise of the Civilizational State.* Cambridge 2019; vgl. auch: Gideon Rachman, *China, India and the rise of the »civilisation state«.* In: Financial Times, 4. März 2019. (https://www.ft.com/content/b6bc9ac2-3e5b-11e9-9bee-efab61506f44)

10 Vgl. Robert Kagan, *Things will not be okay.* In: Washington Post, 12. Juli 2018. (https://www.washingtonpost.com/opinions/ everything-will-not-be-okay/2018/07/12/c5900550-85e9-11e8-9e80-403a221946a7_story.html?utm_term=.7cc155b24a2d); Kagan nimmt hier im Gegensatz zur oben formulierten These an, dass der Zerfall der NATO unausweichlich sei: »Any student of history knows that it is moments like this [the NATO summit in Brussels] that set in motion chains of events that are difficult to stop. The democratic alliance that had been the bedrock of the American-led liberal world order is unravelling.«

11 Vgl. Heinrich August Winkler, *Zerbricht der Westen?* München 2017; vgl. Heinrich August Winkler, *Ein normatives Projekt in der Krise – Geschichte und Gegenwart des Westens.* Impulsreferat zu einer Podiumsdiskussion anlässlich des 80. Geburtstages von Heinrich August Winkler. Berlin, 8. Mai 2019; vgl. Joschka Fischer, *Der Abstieg des Westens, Europa in der neuen Weltordnung des 21. Jahrhunderts.* Köln 2018.

12 Gernot Erler, *Weltordnung ohne den Westen?* Freiburg 2018, S. 142.

13 Joschka Fischer, *Das Ende des Westens, wie wir ihn kannten.* In: Körber-Stiftung Mediathek, 2017. (https://www.koerber-stiftung. de/mediathek/koerber-history-forum-2017-das-ende-des-westens-wie-wir-ihn-kannten-1396); Carl Bildt, *The End of the West as we know it.* In: The Washington Post, 15. November 2016. (https://www.washingtonpost.com/opinions/global-opinions/ its-the-end-of-the-west-as-we-know-it/2016/11/15/9e3ce89a-ab54-11e6-977a-1030f822fc35_story.html?utm_term=.eab7f8ff66ac); Andreas Whittam Smith, *This is the end of the West – but the Western establishment only has itself to blame.* In: Independent. co.uk, 15. Februar 2017. (https://www.independent.co.uk/voices/

end-of-west-western-establishment-wolfgang-ischinger-munich-security-conference-blame-a7582081.html)

14 Diese Kategorisierung fußt auf den Begrifflichkeiten, die Jasper M. Trautsch eingeführt hat, ist mit ihnen aber nicht völlig identisch. Vgl. Jasper M. Trautsch, *Was ist »der Westen«? Zur Semantik eines politischen Grundbegriffs der Moderne.* In: Forum interdisziplinäre Begriffsgeschichte 1, 6. Jahrgang, 2017, S. 58 ff.

15 Deshalb konzentriert sich dieses Buch auf die prägende politische Definition des Westens.

16 Die These vom normativen Projekt des Westens hat in Europa ihren wichtigsten Kopf in dem Historiker Heinrich August Winkler, dessen Begriffsarbeit weit über den deutschen Sprachraum hinaus wirksam ist. Winkler sieht in der Aufklärung aber nicht die einzige Quelle westlichen Denkens. Er greift zurück bis ins Altertum und interpretiert verschiedene Ideen des Christentums als Vorprägungen des normativen Projekts des Westens. Vgl. Heinrich August Winkler, *Was die Weltkrise den Westen lehrt.* Schriftenreihe der Atlantikbrücke, Bd. 7. Berlin 2016. (http://www.gbv.de/dms/ilmenau/toc/867474114.PDF)

17 Ivan Krăstev, *The Missionary Who has to Become a Monastery.* Policy Paper. Center for Liberal Studies, Sofia 2019. (www.robertboschacademy.de/content/language2/downloads/policy-paper-hypocrisy-2019-final.pdf)

18 Pat Buchanan, *Is Putin One of Us?* In: Townhall, 17. Dezember 2013. (https://townhall.com/columnists/patbuchanan/2013/12/17/is-putin-one-of-us-n1764094); vgl. auch: Christopher Caldwell, *How to Think About Vladimir Putin?* In: Imprimis, Vol. 46, Nr. 3, März 2017. (https://imprimis.hillsdale.edu/how-to-think-about-vladimir-putin/)

19 Donald J. Trump, *Remarks by President Trump to the People of Poland.* In: whitehouse.gov, 6. Juli 2017. (https://www.whitehouse.gov/briefings-statements/remarks-president-trump-people-poland/)

20 Viktor Orbán, *Budapester Europa-Rede, Erinnerungen an Dr. Helmut Kohl.* In: KAS, 16. Juni 2018. (http://www.kas.de/wf/doc/kas_26065-1442-1-30.pdf?180618113618)

21 Ebenda.

22 Ebenda.

23 Ebenda.

24 Vgl. Daniel Pipes, *Europe's Civilizationist Parties.* In: Commentarymagazine.com, Oktober 2018. (https://www.commentarymagazine.com/articles/europes-civilizationalist-parties/); vgl. auch: Christopher Coker, *The Rise of the Civilizational State.* Cambridge

2019; vgl. auch: Malte Lehming, *Israels neue Freunde*. In: Der Tagesspiegel, 1. Februar 2019. (https://m.tagesspiegel.de/politik/israel-und-europas-rechtspopulisten-verbuendete-gegen-islam-und-islamismus/23938578.html?utm_referrer=https%3A%2F%2Fwww.google.de%2F); vgl. auch: Rogers Brubaker, *The New Language of European Populism – Why »Civilization« Is Replacing the Nation*. In: Foreign Affairs, 6. Dezember 2018. (https://www.foreignaffairs.com/articles/europe/2017-12-06/new-language-european-populism)

25 Vgl. Scott McConnell, *Hungary Shows the West the Path to Survival*. In: The American Conservative, 8. Februar 2019. (https://www.theamericanconservative.com/articles/hungary-shows-the-west-the-path-to-survival/)

26 Vgl. Minxin Pei, *Auf der Suche nach einem Grund – Wie Amerika versucht, den Konflikt mit China rassisch-kulturell aufzuladen*. In: Der Tagesspiegel, 18. Mai 2019.

27 Edoardo Campanella und Marta Dassù, *Anglo Nostalgia – The Politics of Emotion in a Fractured West*. London 2019, S. 1.

28 Majoritarismus beschreibt die zentrale Rolle, die dem Willen der Mehrheit zugeschrieben wird. Nach Ansicht von Populisten ist der Mehrheitswille auf jeden Fall umzusetzen, auch dann, wenn dadurch Rechte und Interessen von Minderheiten verletzt werden. Damit offenbart sich ein Demokratieverständnis, das Pluralismus skeptisch sieht, da es einen homogenen Volkswillen voraussetzt, der unmittelbar umzusetzen sei. Demokratie ist danach kein Aushandlungsprozess zwischen gleichermaßen legitimen Interessen, sondern die Herrschaft der Mehrheit.

29 Vgl. Kai Schöneberg et al., *Make the World Greta again*. In: Tageszeitung, 16. März 2019. (http://www.taz.de/!5577796/)

30 Vgl. Stephan Löwenstein, *Das slowakische Experiment*. In: Frankfurter Allgemeine Zeitung, 31. März 2019. (https://www.faz.net/aktuell/politik/ausland/wer-ist-zuzana-aputova-die-erste-praesidentin-der-slowakei-16117743.html)

31 Robert Kagan bezweifelt, dass jedenfalls die Vereinigten Staaten schon genügend Antikörper entwickelt hätten: »Es hat sich noch keine Koalition gebildet, um sich gegen den internationalen Autoritarismus zu stellen oder auch nur den Liberalismus zu verteidigen. (...) Und so ist Amerika entwaffnet, während die Bedrohung wächst.« Robert Kagan, *The strongmen strike back – Authoritarianism has reemerged as the greatest threat to the liberal democratic world*. In: Washington Post, 14. März 2019. (https://www.washingtonpost.com/news/opinions/wp/2019/03/14/feature/the-strongmen-strike-back/)

32 Vgl. Kori Schake, *The Trump Doctrine is winning and the World is Losing.* In: The New York Times, 15. Juni 2018. (https://www.nytimes.com/2018/06/15/opinion/sunday/trump-china-america-first.html); Robert Kagan, *Things will not be okay.* In: The Washington Post, 12. Juli 2018. (https://www.washingtonpost.com/opinions/everything-will-not-be-okay/2018/07/12/c5900550-85e9-11e8-9e80-403a221946a7_story.html?utm_term=.03519cb8fb55); Bruce Jentleson, *The Post-Liberal International Order World: Some Core Characterics.* In: Lawfare, 9. September 2018. (https://www.lawfareblog.com/post-liberal-international-order-world-some-core-characteristics); Graham Allison, *The Myth of the Liberal Order, from Historical Accident to Conventional Wisdom.* In: Foreign Affairs, Juli/August 2018. (https://www.foreignaffairs.com/articles/2018-06-14/myth-liberal-order); Victor David Hanson, *The Post-War Order is Over – And not because Trump wrecked it.* In: The National Review, 29. Mai 2018. (https://www.nationalreview.com/2018/05/post-war-order-over-not-caused-by-trump-foreign-policy/)

33 Das Bretton-Woods-Abkommen etablierte 1944 eine neue Weltwährungsordnung. Der US-Dollar wurde als weltweite Ankerwährung etabliert und ersetzte den Goldstandard durch ein System von Wechselkursbandbreiten. Zugleich entstanden Weltbank und Internationaler Währungsfonds. Als die Vereinigten Staaten 1971 unter starker Stagflation litten, kollabierte das System. Die Bretton-Woods-Institutionen bestehen bis heute fort, allerdings mit veränderten Aufgaben, und das Weltwährungssystem ist deutlich heterogener.

34 Hanns W. Maull, *Auflösung oder Ablösung?* In: SWP-Studie, Dezember 2017, S. 9: »Schließlich verfügen politische Ordnungen meist über eine Vision der Zukunft, also über Vorstellungen und eine politische Programmatik dazu, wie die Mitglieder des Kollektivs in der Ordnung zusammenleben sollten und könnten. Für die liberale (internationale) Ordnung bezeichnen die Stichworte frei, demokratisch, wohlhabend, gerecht und nachhaltig den Kern dieser Vision.«

35 National Defense Strategy of the United States, 2018, S. 2. (https://www.defense.gov/Portals/1/Documents/pubs/2018-National-Defense-Strategy-Summary.pdf)

36 Vgl. Dan Deudney und John Ikenberry, *The Resilient Order.* In: Foreign Affairs, Juli/August 2018. (https://www.foreignaffairs.com/articles/world/2018-06-14/liberal-world)

37 Zur vieldiskutierten »Liberalisierung« der Ordnung trug die Gründung des Internationalen Strafgerichtshofes bei, die Idee

einer »Schutzverantwortung« sowie das Konzept der »humanitären Intervention«. Alle schränken die Souveränität von Staaten
ein. Vgl. John Ikenberry, *Liberal Leviathan: The Origins, Crisis,
and Transformation of the American World Order*. Princeton 2011;
siehe auch: Hans Kundnani, *What is the Liberal International
Order?* In: GMF Policy Essay, April 2017. (http://www.gmfus.org/
publications/what-liberal-international-order)

38 Vgl. Nathalie Tocci, *The Demise of the International Liberal Order
and the Future of the European Project*. Policy Paper. Istituto Affari
Internationali. Rom, November 2018. (https://www.iai.it/en/
pubblicazioni/demise-international-liberal-order-and-future-
european-project)

39 Robert Kagan, *Trump's America does not care*. In: The Washington
Post, 14. Juni 2018. (https://www.washingtonpost.com/opinions/
donald-trumps-america-the-rogue-superpower/2018/06/14/
c01bb540-6ff7-11e8-afd5-778aca903bbe_story.html?utm_term=.
fccd879587f9); Kagan schreibt: »America built and defended a
world order premised on the idea that Americans would be safe
only if democratic and liberal values were safe.«

40 Vgl. Richard Haass, *America and the Great Abdictation*. In: The
Atlantic, 28. Dezember 2017. (https://www.theatlantic.com/
international/archive/2017/12/america-abidcation-trump-foreign-
policy/549296/); Haass definiert Allianzen, wie Donald Trump
sie ablehnt: »Alliances – best understood as strategic relation-
ships in which long-term commitments and shared interests
take precedent over particular interactions or transactions and
short-term considerations.«

41 Vgl. John Ikenberry, *The Plot Against American Foreign Policy*. In:
Foreign Affairs, Mai/Juni 2017. (https://www.foreignaffairs.com/
articles/united-states/2017-04-17/plot-against-american-foreign-
policy); Ikenberry nennt Trumps Vorgehen »Sabotage« an der
liberalen internationalen Ordnung.

42 Vgl. Richard Haass, *America and the Great Abdictation*. Haass
beschreibt, dass die Vereinigten Staaten unter Donald Trump
aus freien Stücken Einfluss aufgeben, und zwar im Gegensatz
zu anderen Weltmächten, wie z. B. dem Römischen Reich,
das zu diesem Schritt gezwungen war. Haass spricht deshalb
von einem großen Machtverzicht (»The great abdication«). Mit
Verzicht meint Haas, dass die Vereinigten Staaten nicht länger
voranschreiten, um Allianzen zu bewahren und neue zu bauen
oder um regionale oder internationale Institutionen zu führen,
welche die Regeln der internationalen Beziehungen bestimmen:
»Trump is the first post World War II President to view the

burdens of world leadership as outweighing the benefits. As a result, the U.S. has changed from a principal preserver to a principal disrupter.«

43 Donald J. Trump, *Remarks by President Trump to the 73rd session of the United Nations General Assembly*, 25. September 2018. (https://www.whitehouse.gov/briefings-statements/remarks-president-trump-73rd-session-united-nations-general-assembly-new-york-ny/)

44 Hanns W. Maull, *The Once and Future Liberal Order*. In: Survival 61:2, 2019, S. 7. (https://www.iiss.org/publications/survival/2019/survival-global-politics-and-strategy-aprilmay-2019/612-02-maull)

45 Donald J. Trump, *President Donald J. Trump is Ending United States Participation in an Unacceptable Iran Deal*. In: whitehouse.gov, 8. Mai 2018. (https://www.whitehouse.gov/briefings-statements/president-donald-j-trump-ending-united-states-participation-unacceptable-iran-deal/)

46 Vgl. Dave Sherwood und Felipe Ituerrieta, *Asia-Pacific nations sign sweeping trade deal without U.S.* In: Reuters, 8. März 2018. (https://www.reuters.com/article/us-trade-tpp/asia-pacific-nations-sign-sweeping-trade-deal-without-u-s-idUSKCN1GK0JM)

47 Vgl. Ulrich Speck, *Deutschland und Japan – eine Allianz der Multilateralisten*. In: Neue Züricher Zeitung, 2. August 2018. (https://www.nzz.ch/meinung/japan-und-deutschland-eine-allianz-der-multilateralisten-ld.1407821)

48 Jake Sullivan, *The World after Trump*. In: Foreign Affairs, März/April 2018. (https://www.foreignaffairs.com/articles/2018-03-05/world-after-trump)

49 Vgl. Sigmar Gabriel, *Europa in einer unbequemen Welt*. Rede beim Berliner Forum Außenpolitik, 5. Dezember 2017. (https://www.auswaertiges-amt.de/de/newsroom/berliner-forum-aussenpolitik/746464); siehe auch: Nikolas K. Gvosdev, *Inexorable Changes in U.S. Foreign Policy*. In: FPRI, 14. August 2018. (https://www.fpri.org/article/2018/08/inexorable-changes-in-u-s-foreign-policy/)

50 Vgl. Thomas Donnelly und William Kristol, *The Obama-Trump Foreign Policy*. In: Weekly Standard, 9. Februar 2018. (https://www.weeklystandard.com/thomas-donnelly-and-william-kristol/the-obama-trump-foreign-policy); Kristol ist seit Jahren ein wichtiger konservativer Vordenker, zählt aber nicht zu den Unterstützern Donald Trumps. Allerdings kommt er zu dem Ergebnis, dass die Außenpolitik des Präsidenten »more continuity than change« enthalte. Siehe auch: Freddy Gray, *On foreign policy, Trump is more like Obama than he would like to admit*. In: The Spectator, 11. April 2018. (https://spectator.us/2018/04/on-foreign-

policy-trump-is-far-more-like-obama-than-either-would-admit/);
und Ross Douthat, *The Obama-Trump Grand Strategy*. In: The New
York Times, 12. Juni 2018. (https://www.nytimes.com/2018/06/12/
opinion/obama-trump-north-korea-summit.html)

51 Vgl. Bernd Ulrich und Jörg Lau, *Im Westen was Neues*. In: Die
Zeit, 43 / 2017, 19. Oktober 2017. (https://www.zeit.de/2017/43/
aussenpolitik-deutschland-usa-transatlantische-beziehungen-
werte); siehe auch: Klaus Brinkbäumer, *Danke, Donald!* In: Der
Spiegel, 11 / 2018. (https://www.spiegel.de/spiegel/deutschlands-
aussenpolitik-wird-wegen-donald-trump-erwachsen-a-1197352.
html)

52 Sigmar Gabriel, *Europa in einer unbequemen Welt*. Rede des
Bundesaußenministers beim Forum Außenpolitik der Körber-
Stiftung. Berlin, 5. Dezember 2017. (https://www.auswaertiges-
amt.de/de/newsroom/berliner-forum-aussenpolitik/746464).
Während Außenminister Gabriel der folgenden Bundesregie-
rung nicht länger angehört, hat seine Prognose einer neuen
Kontinuität amerikanischer Außenpolitik im Auswärtigen Amt
den Amtswechsel überdauert.

53 Heiko Maas, *Wir lassen nicht zu, dass Amerika über unsere Köpfe
hinweg handelt*. In: Handelsblatt, 21. August 2018. (https://www.
handelsblatt.com/meinung/gastbeitraege/gastkommentar-
wir-lassen-nicht-zu-dass-die-usa-ueber-unsere-koepfe-hinweg-
handeln/22933006.html); siehe auch: Gideon Rachman, *The
Trump era could last 30 years*. In: Financial Times, 4. Februar
2019. (https://www.ft.com/content/debb6f2c-285c-11e9-a5ab-
ff8ef2b976c7); und: Norbert Röttgen, *Ist der Multilateralismus
noch zu retten?* In: Der Tagesspiegel, 12. März 2019. (https://m.
tagesspiegel.de/global-solutions-summit-und-g20-ist-der-
multilateralismus-noch-zu-retten/24089794.html?utm_
referrer=https%3A%2F%2Fwww.google.de%2F)

54 Nur auf Grundlage dieser Einsicht lässt sich erklären, warum
Präsident Obama die Franzosen und die Deutschen bei der Antwort auf Russlands Ukraineintervention aus der zweiten Reihe
unterstützte, obwohl die Amerikaner eigentlich eine robustere
Gangart bevorzugten. Nur so lässt sich auch erklären, warum
die Amerikaner die Franzosen und Briten bei der Libyenintervention unterstützten, ohne selbst die Führung zu übernehmen. Und schließlich erklärt sich so auch, warum Obama in
Syrien eine Anti-ISIS-Koalition bildete und unterstützte, aber
jede tiefergehende Intervention vermied. Derselbe Obama war
es übrigens auch, der fast seine ganze Präsidentschaft in zwei
multilaterale Projekte investierte, die sein Nachfolger, ein Multi-

lateralismuskritiker, torpediert: das Weltklimaabkommen und das Atomabkommen mit dem Iran.

55 Karl-Heinz Kamp, *Das Stockholm-Syndrom der NATO*. In: Behörden Spiegel, 19. Juli 2018. (https://www.behoerden-spiegel. de/2018/07/19/das-stockholm-syndrom-der-nato/)

56 Vgl. Jens Stoltenberg, *Remarks by President Trump and NATO Secretary General Jens Stoltenberg at Bilateral Breakfast*. In: whitehouse.gov, 11. Juli 2018. (https://www.whitehouse.gov/ briefings-statements/remarks-president-trump-nato-secretary-general-jens-stoltenberg-bilateral-breakfast/). Europäische Regierungschefs haben sich ähnlich eingelassen wie NATO-Generalsekretär Stoltenberg.

57 Vgl. Ivan Krăstev, *Sorry NATO. Trump does not Believe in Allies*. In: The New York Times, 12. Juli 2018. (https://www.nytimes. com/2018/07/11/opinion/trump-nato-summit-allies.html)

58 Robert Kagan, *Trump's America does not care*. In: Washington Post, 14. Juni 2018. (https://www.washingtonpost.com/opini-ons/donald-trumps-america-the-rogue-superpower/2018/06/14/ c01bb540-6ff7-11e8-afd5-778aca903bbe_story.html?utm_term=. fccd879587f9)

59 Vgl. Heiko Maas, *Wir lassen nicht zu, dass Amerika über unsere Köpfe hinweg handelt*. In: Handelsblatt, 21. August 2018. (https:// www.handelsblatt.com/meinung/gastbeitraege/gastkommentar-wir-lassen-nicht-zu-dass-die-usa-ueber-unsere-koepfe-hinweg-handeln/22933006.html); siehe auch: *Rede von Außenminister Heiko Maas zur Eröffnung der 16. Botschafterkonferenz in Berlin*, 27. August 2018. (https://www.auswaertiges-amt.de/de/news-room/maas-freeland-botschafterkonferenz/2129908); zur Kritik der USA-Strategie: Thomas Kleine-Brockhoff, *Deutschland kann nicht ernsthaft »Gegengewicht« gegen Amerika sein wollen*. In: Tagesspiegel Causa, 31. August 2018. (https://causa.tages-spiegel.de/politik/europe-united-als-antwort-auf-america-first/ deutschland-kann-nicht-ernsthaft-gegengewicht-gegen-amerika-sein-wollen.html); Bemerkenswert ist, dass Außenminister Maas seine USA-Strategie öffentlich vermarktete, daraus aber nicht erkennbar Konsequenzen zog. Auch das Wort von der »balan-cierten Partnerschaft« benutzte er schon wenig später nicht mehr.

60 Vgl. Stephen M. Walt, *Bullies Don't Win at Diplomacy*. In: Foreign Policy, 7. Juni 2018. (https://foreignpolicy.com/2018/06/07/bullies-dont-win-at-diplomacy/)

61 Mark Leonard, *Present at the destruction*. In: Project Syndicate, 28. September 2018. (https://www.project-syndicate.org/

commentary/end-of-post-war-multilateralism-by-mark-
leonard-2018-09)

62 Zum Beispiel schließt die Astana-Gruppe, eine Kontaktgruppe
zur Lösung des Syrienkrieges, die Vereinigten Staaten ausdrücklich aus. Stattdessen nehmen Russland, Iran, die Türkei, die
syrische Regierung sowie syrische Oppositionsgruppen teil.

63 Selbst jene, die annehmen, dass der Trumpismus die Amtszeit
seines Namensgebers überdauern werde und Jahrzehnte wirkmächtig bleiben könnte, tun dies nur unter der Annahme, dass
der Trumpismus den Wählern Erfolge präsentieren kann. Denn
sonst, schreibt etwa Gideon Rachman, »könnte die neue Ära
einen Kindstod sterben«. Gideon Rachman, *The Trump era could
last 30 years*. In: Financial Times, 4. Februar 2019. (https://www.
ft.com/content/debb6f2c-285c-11e9-a5ab-ff8ef2b976c7)

64 Walter Russell Mead, *NATO is Dying, but Don't Blame Trump –
Germany reneges on defense commitments, thumbing its nose at the
alliance*. In: Wall Street Journal, 25. März 2019. (https://www.wsj.
com/articles/nato-is-dying-but-dont-blame-trump-11553555665);
siehe auch: Thomas Jäger, *Das Ende des amerikanischen Zeitalters – Deutschland und die neue Weltordnung*. Zürich 2019. Der
Autor, Professor für Internationale Politik und Außenpolitik an
der Universität zu Köln, wundert sich über den sorglosen Umgang mit der eigenen Sicherheit und Lebensweise und schreibt
(auf S. 22): »Es ist immer wieder erstaunlich, wie Parteipolitiker,
die für die eigene Karriere solche Muster der Macht klar erkennen und zu nutzen wissen, dies für das Verhältnis der Staaten
zueinander leugnen können, um sie zu missachten.«

65 Vgl. Tom Wright, *A Post-American Europe and the Future of U.S.
Strategy*. In: Brookings Report, Dezember 2017. (https://www.
brookings.edu/research/a-post-american-europe-and-the-future-
of-u-s-strategy/)

66 Zitiert nach: Graham Allison, *The Myth of the Liberal Order:
From Historical Accident to Conventional Wisdom*. In: Foreign
Affairs, Juli/August 2018. (https://www.foreignaffairs.com/
articles/2018-06-14/myth-liberal-order)

67 David Frum, Präsident George W. Bushs einstiger Redenschrei-
ber, fasst diese Erkenntnis so zusammen: »America First is America alone; America alone is America defeated.«; David Frum,
The Republican Party Needs to Embrace Liberalism. In: The Atlantic,
November 2018. (https://www.theatlantic.com/magazine/
archive/2018/11/the-case-for-liberal-republicanism/570790/);
vgl. auch: Patrick Porter, *Advice for a Dark Age: Managing Great
Power Competition*. In: Washington Quarterly, Frühjahr 2019,

S. 7–25. (https://www.tandfonline.com/doi/abs/10.1080/016366
0X.2019.1590079)

68 Vgl. Joseph S. Nye, *The Two Sides of American Exceptionalism*. In:
Project Syndicate, 4. September 2018. (https://www.project-
syndicate.org/commentary/two-sides-of-american-exceptiona-
lism-by-joseph-s–nye-2018-09); Nye fragt:»Kann der nächste
Präsident demokratische Werte fördern, ohne militärisch
zu intervenieren und ohne Kreuzzüge zu führen, und dabei
eine nichthegemoniale Führungsrolle übernehmen, um
die Institutionen zu pflegen, die eine interdependente Welt
braucht?«; vgl. Julianne Smith, *Transatlantic Ties, Interrupted*.
In: LiveMint, 1. Januar 2019. (https://www.livemint.com/Politics/
p1koM96hii6SOnO62B8FyN/Transatlantic-ties-interrupted-by-
Julianne-Smith.html); die Autorin, die Vizepräsident Joseph R.
Biden beriet, drückt es so aus:»Um in die transatlantischen
Beziehungen neu zu investieren, muss man sie zuerst neu
definieren.«

69 Timothy Garton Ash, *It's not just Trump. Much of America has
turned its back on Europe*. In: The Guardian, 28. September 2018.
(www.theguardian.com/commentisfree/2018/sep/28/trump-
america-europe-united-states)

70 *Charta von Paris für ein neues Europa*. In: Bulletin, Presse- und
Informationsamt der Bundesregierung, Nr. 137, 24. November
1990 (S. 1409–1415). (https://www.bundestag.de/blob/189558/215
43d1184c1f627412a3426e86a97cd/charta-data.pdf)

71 Andreas Rödder, *Von historischen Erfahrungen und politischen
Erfahrungen*. In: Rede vor der Alfred-Herrhausen-Gesellschaft,
September 2016, S. 14.

72 Hier wird häufig die sogenannte »Elephant Curve« aufgeführt.
Die »Elephant Curve« wurde von den Weltbank-Ökonomen
Christoph Lakner und Branko Milanović etabliert und ist eine
Grafik, welche die globale Einkommensverteilung über den
Zeitraum zwischen dem Fall der Berliner Mauer und der Finanz-
krise 2008 zeigt. Die Grafik verdeutlicht, dass insbesondere die
Einkommen der geringen Einkommensgruppen in Transfor-
mationsländern wie China, Brasilien, Indien stark gewachsen
sind sowie die Einkommen des bestverdienenden Prozents, der
»Superreichen«. In: Social Europe, 1. Dezember 2017. (https://
www.socialeurope.eu/globalisation-migration-rising-inequality-
populism); Christoph Lakner und Branko Milanović, *Global
Income Distribution*. In: Policy Research Working Paper, 6719,
Dezember 2013.

73 Vgl. Jan Werner Müller, *Was ist Populismus?* Berlin 2016; siehe

auch: Nils Heisterhagen, *Die liberale Illusion*. Bonn 2018. Werner
Patzelt, *So haben wir uns die Willkommenskultur nicht vorgestellt.*
In: The European, 10. Mai 2016. (https://www.theeuropean.de/
werner-patzelt/10943-die-afd-gleicht-einer-magmaschicht) sowie
David Goodhart, *The Road to Somewhere*. London 2017.

74 Kenneth F. Scheve und Matthew J. Slaughter, *How to Save Globalization*. In: Foreign Affairs, November/Dezember 2018. (https://
www.foreignaffairs.com/articles/united-states/2018-10-15/how-
save-globalization); siehe auch: Dani Rodrik, *Populism and the
economics of globalization*. In: Journal of International Business
Policy, 2018. (https://drodrik.scholar.harvard.edu/files/dani-
rodrik/files/populism_and_the_economics_of_globalization.pdf)

75 Vgl. Statistika, *Schweden: Wachstum des realen Bruttoinlandspro-
dukts (BIP) von 2008 bis 2018.* (https://de.statista.com/statistik/
daten/studie/14554/umfrage/wachstum-des-bruttoinlandspro-
dukts-bip-in-schweden/)

76 Deutsches Institut für Wirtschaftsforschung, *Pressemitteilung.*
7. Mai 2019. (https://www.diw.de/de/diw_01.c.620802.de/the-
men_nachrichten/deutlich_zunehmende_realeinkommen_bei_
steigender_einkommensungleichheit.html)

77 Der allgemein akzeptierte Maßstab zur Messung von Ungleichheit ist der sogenannte Gini-Koeffizient, der seit 2005
weitgehend stabil ist. Vgl. Judith Niehues, *Die Einkommens-
und Vermögensungleichheit Deutschlands im internationalen
Vergleich.* IW-Kurzbericht Nr. 29, 11. Mai 2018. (https://www.
iwkoeln.de/studien/iw-kurzberichte/beitrag/judith-niehues-die-
einkommens-und-vermoegensungleichheit-deutschlands-im-
internationalen-vergleich-387559.html); siehe auch: Interview
mit Christoph Schmidt, Vorsitzender des Sachverständigenrates
für Begutachtung der gesamtwirtschaftlichen Entwicklung,
Wie schlimm wird das nächste Jahr, Herr Schmidt? In: Frankfurter
Allgemeine Sonntagszeitung, 23. Dezember 2018. (https://www.
faz.net/aktuell/wirtschaft/gespraech-mit-christoph-schmidt-
chef-der-wirtschaftsweisen-15955060.html?premium); »Es heißt
oft, das Arbeitsmarktwunder wurde durch prekäre Stellen und
wachsende Einkommensungleichheit erkauft. Das stimmt aber
nicht. International sieht man, wie die Einkommensungleichheit in vielen Ländern explodiert, und in Deutschland wächst
sie kaum.«

78 Deutsches Institut für Wirtschaftsforschung, *Pressemitteilung.*
7. Mai 2019. (https://www.diw.de/de/diw_01.c.620802.de/themen_
nachrichten/deutlich_zunehmende_realeinkommen_bei_
steigender_einkommensungleichheit.html)

79 »It's the economy, stupid!«, lautete Bill Clintons berühmter Merkspruch aus dem amerikanischen Präsidentschaftswahlkampf 1992.

80 Timothy Garton Ash, *What went wrong with liberalism? And what should liberals do about it?* Vortrag beim Berliner Zentrum Liberale Moderne, 29. November 2018. (https://www.youtube.com/watch?v=Dpx3Z3tX0aU)

81 Francis Fukuyama, *The End of History*. In: The National Interest, 1989; siehe auch: Robert Kagan, *The End of the End of History*. In: The New Republic, 23. April 2008. (https://newrepublic.com/article/60801/the-end-the-end-history)

82 Michael Lind spricht von einem »modifizierten Marxistischen Determinismus«; vgl. Michael Lind und Alexandra Desanctis, *Cold War II*. In: National Review, 10. Mai 2018. (https://www.nationalreview.com/magazine/2018/05/28/us-china-relations-cold-war-ii/)

83 Timothy Snyder, *The Road to Unfreedom*. London 2018, S. 7.

84 Branko Milanović, *Democracy of convenience, not of choice: why is Eastern Europe different*. In: Global Inequality, 23. Dezember 2017. (http://glineq.blogspot.com/2017/12/democracy-of-convenience-not-of-choice.html)

85 Ebenda. Vgl. auch: Hanns W. Maull, *The Once and Future Liberal Order*. In: Survival 61:2, 2019, S. 14. (https://doi.org/10.1080/00396338.2019.158976)

86 Milanović stellt hier folgende Begriffe gegeneinander: »democracy of convenience« und »democracy of choice«.

87 Vgl. Damir Marusic, *The Dangers of Democratic Determinism*. In: The American Interest, 5. Februar 2018. (https://www.the-american-interest.com/2018/02/05/dangers-democratic-determinism/)

88 Michael Anton, *The Flight 93 Election*. In: The Clarement Review of Books, September 2016. (https://www.claremont.org/crb/basicpage/the-flight-93-election/); der Autor schrieb zunächst unter Pseudonym, wurde später aber als Michael Anton identifiziert.

89 Ebenda.

90 Vgl. Andreas Zielcke, *Der Volksstaat im Rechtsstaat*. In: Süddeutsche Zeitung, 17. August 2018. (https://www.sueddeutsche.de/kultur/demokratie-und-autoritaet-der-volksstaat-im-staat-1.4094373)

91 In den Vereinigten Staaten werden verwandte Idee diskutiert. So sprich Tom Wright von der Brookings Institution von einer »free world«-Strategie, die sich darauf beschränkt, die Freiheit zu Hause und in alliierten Staaten zu erhalten, aber auf einen

Weltordnungsversuch unter demokratischen Vorzeichen zu verzichten. Tom Wright, *The Return to Great-Power Rivalry Was Inevitable*. In: The Atlantic, 12. September 2018. (https:// www.theatlantic.com/international/archive/2018/09/liberal-international-order-free-world-trump-authoritarianism/569881/); Mira Rapp-Hooper und Rebecca Friedman Lissner plädieren für eine »tempered strategy«, eine Strategie der Zurückhaltung, die wohl auf Offenheit setzt, aber auf Werteexport weitgehend verzichtet. Allerdings setzen beide Autorinnen (fälschlich) den liberalen Universalismus mit demokratischem Kreuzzüglertum gleich und distanzieren sich folglich (zu) stark vom liberalen Universalismus. Vgl: Mira Rapp-Hooper and Rebecca Friedman Lissner, *The Open World – What America Can Achieve After Trump*. In: Foreign Affairs, Mai/Juni 2019. (https://foreignaffairs.com/articles/2019-04-16/open-world)

92   Vgl. Karl R. Popper, *The Open Society and its Enemies*. New one-volume edition, Princeton 2013.

93   James F. Byrnes, *Rede der Hoffnung*. Stuttgart, 6. September 1946. (http://www.byrnes-rede.de/byrnes_rede_deutsch.html)

94   Vgl. Hanns W. Maull (Hrsg.), *Auflösung oder Ablösung? – Die Internationale Ordnung im Umbruch*. In: SWP-Studie, Berlin, November 2017, S. 5/6. (https://www.swp-berlin.org/fileadmin/contents/products/studien/2017S21_mul_hg.pdf)

95   Vgl. Anatol Lieven und John Hulsman, *Ethical Realism*. New York 2006, S. XVII.

96   John J. Mearsheimer, *The Great Delusion – Liberal Dreams and International Relations*. New Haven und London 2018, S. 2/3.

97   Timothy Garton Ash, *What went wrong with liberalism? And what should liberals do about it?* Vortrag beim Berliner Zentrum Liberale Moderne, 29. November 2018. (https://www.youtube.com/watch?v=Dpx3Z3tX0aU); vgl. Tony Smith, *Why Wilson matters: The origins of American liberal internationalism and its crisis today*. Princeton 2017. Smith beschreibt die internationale Ordnung während des Kalten Krieges als »hegemonialen Liberalismus« und argumentiert, nach dem Zusammenbruch der Sowjetunion sei eine Form des Imperialismus daraus geworden: »In its transformation from a hegemonic to an imperialist ideology during the 1990s, liberal internationalism became a danger to the very values it professed to champion« (S. 232).

98   *Trump: »Wir können nicht weiter Weltpolizist sein«.* In: Süddeutsche Zeitung, 26. Dezember 2018. (https://www.sueddeutsche.de/politik/trump-usa-irak-1.4266558)

99   Vgl. Thomas Wright, *The Return to Great-Power Rivalry Was*

Inevitable. In: The Atlantic, 12. September 2018. (https://www.theatlantic.com/international/archive/2018/09/liberal-international-order-free-world-trump-authoritarianism/569881/); »It was good strategy, although the term *liberal international order* was hardly used during the Cold War. While G. John Ikenberry brought the term to prominence in the 1990s and 2000s in his scholarship about American postwar strategy, it did not appear in *The New York Times* until 2012.«

100 Begrifflichkeiten zur Unterscheidung der beiden Gesichter des Liberalismus hat John Gray vorgeschlagen. John Gray, *Two Faces of Liberalism.* New York 2000, S. 2; vgl. auch John J. Mearsheimer, *The Great Delusion – Liberal Dreams and International Relations.* New Haven und London 2018, S. 9, auch S. 54 ff. Der Ideenhistoriker Jan-Werner Müller diskutiert die Bezeichnung »conservative liberals«, verwirft sie aber und präferiert das Etikett »cold war liberals«. Jan-Werner Müller, *Fear and Freedom: On »Cold War Liberalism«.* Princeton University 2008.

101 Vgl. Judith N. Shklar, *Der Liberalismus der Furcht.* Berlin 2013.

102 Vgl. Isaiah Berlin, *Two Concepts of Liberty.* Oxford 1969.

103 Ralf Dahrendorf unterzieht Berlins Konzept der »zwei Freiheiten« einer Fundamentalkritik. Mit dem Begriff der »negativen Freiheit« ist nach Dahrendorf zumindest ein »Fehler der Präsentation« verbunden. Denn die »negative Freiheit« sei etwas »überaus Positives, ja für viele, wohl auch für Berlin selbst, der oberste Wert«. Abwertend äußert sich Dahrendorf über den Begriff der »positiven Freiheit«: »Was Berlin leider ›positive Freiheit‹ nennt, ist tatsächlich Unfreiheit.« Ralf Dahrendorf, *Versuchungen der Unfreiheit. Die Intellektuellen in Zeiten der Prüfung.* München 2006, S. 52 f.

104 Vgl. John Rawls, *Eine Theorie der Gerechtigkeit.* Frankfurt 1979.

105 Jacob T. Levy, *Who's afraid of Judith Shklar?* In: Foreign Policy, 16. Juli 2018. (https://foreignpolicy.com/2018/07/16/whos-afraid-of-judith-shklar-liberalism/)

106 Isaiah Berlin, *The Pursuit of the Ideal.* Princeton 1988, S. 16. (http://assets.press.princeton.edu/chapters/s9983.pdf)

107 John J. Mearsheimer, *The Great Delusion – Liberal Dreams and International Relations.* New Haven und London 2018, S. 53.

108 Zitiert nach: https://www.songtexte.com/uebersetzung/john-lennon/imagine-deutsch-1bd6b92c.html

109 *Charta von Paris für ein neues Europa.* In: Bulletin, Presse- und Informationsamt der Bundesregierung, Nr. 137, 24. November 1990, S. 1409–1415. (https://www.bundestag.de/blob/189558/2154 3d1184c1f627412a3426e86a97cd/charta-data.pdf)

110 *Alter Traum – Bonn ist verärgert über Washingtons Angebote an Jelzin. Soll Moskau eines Tages in die NATO?* In: Der Spiegel 17/1995. (http://www.spiegel.de/spiegel/print/d-9180697.html)

111 Genau so begründete Präsident Barack Obama 2009 seinen eigenen Glauben an die amerikanische Sonderstellung. Er sagte: »Wir haben Grundwerte, die in unserer Verfassung niedergelegt sind, die sich in unseren Gesetzen und in unserer demokratischen Praxis spiegeln, in unserem Glauben an das Recht auf freie Meinungsäußerung und Gleichheit vor dem Gesetz, und die – wiewohl nicht perfekt – sind exemplarisch.« (https://www.washingtonpost.com/news/fact-checker/wp/2015/02/22/giulianis-false-claims-about-obamas-speeches/?utm_term=.bada3e644b78)

112 Madeleine Albright in der *Today Show*, 19. Februar 1998. Das Originalzitat lautet: »If we have to use force, it is because we are America; we are the indispensable nation. We stand tall and we see further than other countries into the future, and we see the danger here to all of us« (https://1997-2001.state.gov/statements/1998/980219a.html). Diese Haltung war übrigens nicht nur bei Demokraten verbreitet. Der langjährige republikanische Senator John McCain hatte ähnliche Vorstellungen und war damit auch in seiner Partei nicht allein. In ihren außenpolitischen Vorstellungen waren sich Vertreter der Linken wie der Rechten, der sogenannten »liberal internationalists« und der »neo-conservatives«, vielfach einig. Deshalb lässt sich auch weder in den Vereinigten Staaten noch in Europa das Lager der *offensiven Liberalen* eindeutig einzelnen Parteien zuordnen.

113 Ursula von der Leyen, *Welche Rolle die Bundeswehr heute in Afghanistan spielt.* In: Die Welt, 18. Dezember 2018. (https://www.welt.de/politik/ausland/video185693610/Ursula-von-der-Leyen-Welche-Rolle-die-Bundeswehr-heute-in-Afghanistan-spielt.html)

114 Vgl. Wolfgang Bauer, *Wir sind besiegt*, In: Die Zeit, 7. März 2018. (https://www.zeit.de/2018/11/afghanistan-taliban-deutschland-militaereinsatz-entwicklungshilfe-gescheitert/komplettansicht); »Wir brauchen mehr Ernsthaftigkeit. Wir erlagen in der Vergangenheit der Illusion, ein Land grundlegend umbauen zu können, das wir kaum verstehen. Bevor wir in Afghanistan etwas verändern, braucht es Veränderungen bei uns.«

115 Ralf Dahrendorf, *Versuchungen der Unfreiheit. Die Intellektuellen in Zeiten der Prüfung.* München 2006, S. 10. Dahrendorf wählt noch eine zweite Bezeichnung für diese Gruppe beispielhafter Nachkriegsintellektueller: Erasmier. Denn in Erasmus von Rotterdam sieht Dahrendorf den Ahnherrn jener Intellektuellen, die dem

Geist der Unfreiheit widerstanden. Dahrendorf spricht von einer Tugendlehre der Freiheit.

116 Jan-Werner Müller, *What Cold War Liberalism Can Teach Us Today.* In: The New York Review of Books, 26. November 2018. (https://www.nybooks.com/daily/2018/11/26/what-cold-war-liberalism-can-teach-us-today/)

117 Ralf Dahrendorf, *Versuchungen der Unfreiheit. Die Intellektuellen in Zeiten der Prüfung.* München 2006, S. 54.

118 Ebenda, S. 24.

119 Zitiert nach Jan-Werner Müller, *What Cold War Liberalism Can Teach Us Today.* In: The New York Review of Books, 26. November 2018. (https://www.nybooks.com/daily/2018/11/26/what-cold-war-liberalism-can-teach-us-today/)

120 Michael Ignatieff, *The Refugee as Invasive Other.* In: Social Research: An International Quarterly, Spring 2017, S. 224. (https://muse.jhu.edu/article/659232)

121 Vgl. Volker Türk, *The Promise and Potential of the Global Compact on Refugees.* In: International Journal of Refugee Law, Vol. XX, No. XX, 8. Februar 2019. (https://doi.org/10.1093/ijrl/eey068)

122 James C. Hathaway, *The Global Cop-Out on Refugees.* In: International Journal of Refugee Law, Vol. XX, No. XX, 8. Februar 2019. (https://academic.oup.com/ijrl/article/30/4/591/5310192)

123 Michael Ignatieff, *The Refugee as Invasive Other.* In: Social Research: An International Quarterly, Spring 2017, S. 223. (https://muse.jhu.edu/article/659232)

124 *Aussage von Mr. Rees vom Ständigen Komitee der Hilfsorganisation.* UN doc A/CONF/2/SR.19 vom 26. November 1951, S 4 – 5. Hier zitiert nach: James C. Hathaway, *The Global Cop-Out on Refugees.* In: International Journal of Refugee Law, Vol. XX, No. XX, 8. Februar 2019. (https://academic.oup.com/ijrl/article/30/4/591/5310192)

125 Hannah Arendt, *Elemente und Ursprünge totalitärer Herrschaft.* 8. Aufl., München 2001, S. 620.

126 Ebenda, S. 564.

127 Ebenda, S. 603.

128 Jürgen Förster, *Das Recht auf Rechte und das Engagement für eine gemeinsame Welt. Hannah Arendts Reflexionen über die Menschenrechte.* Online-Publikation 2009. (http://hannaharendt.net/index.php/han/article/view/146/258)

129 Hannah Arendt, *Elemente und Ursprünge totalitärer Herrschaft.* 8. Aufl., München 2001, S. 163.

130 Ebenda, S. 614.

131 Ebenda, S. 607.

132 Joachim Gauck, *Rede zum Auftakt der 40. Interkulturellen Woche.*
     Mainz, 27. September 2015. (www.bundespraesident.de/Shared-
     Docs/Downloads/DE/Reden/2015/09/150927-Interkulturelle-
     Woche-Mainz.html)

133 Joachim Gauck, *Über die Hoffnung auf Wohlstand – Anmer-
     kungen zu Einwanderung und Flucht nach Europa.* Rede beim
     Weltwirtschaftsforum Davos, 20. Januar 2016. (https://
     www.bundespraesident.de/SharedDocs/Downloads/DE/
     Reden/2016/01/160120-Davos-Weltwirtschaftsforum.pdf?__
     blob=publicationFile)

134 Heinrich August Winkler, *Was den Westen zusammenhält.* In:
     Frankfurter Allgemeine Zeitung, 22. September 2015. (https://
     www.faz.net/aktuell/inland/heinrich-august-winkler-was-den-
     westen-zusammenhaelt-13815991.html)

135 Peter Graf Kielmannsegg, *Über Migration reden.* In: Frankfurter
     Allgemeine Zeitung, 4. Februar 2019. (https://blogs.faz.net/
     essay/2019/02/11/ueber-migration-reden-660/)

136 Michael Ignatieff, *The Ordinary Virtues – Moral Order in a Divided
     World.* Cambridge 2017, S. 5.

137 Michael Ignatieff, *The Refugee as Invasive Other.* In: Social
     Research: An International Quarterly, Spring 2017, S. 229.
     (https://muse.jhu.edu/article/659232)

138 Vgl. David Goodhart, *»Postliberalismus« oder ein Plädoyer für
     einen populären Liberalismus.* In: Internationale Politikanalyse.
     Friedrich-Ebert-Stiftung, Berlin 2015. (https://library.fes.de/pdf-
     files/id/ipa/12384.pdf)

139 Jürgen Habermas, *Bemerkungen bei der Überreichung des »Großen
     Medienpreises«.* In: Deutschlandfunk Kultur, 5. Juli 2018.

140 Vgl. James C. Hathaway, *The Global Cop-Out on Refugees.* In:
     International Journal of Refugee Law, Vol. XX, No. XX, 8. Februar
     2019. (https://academic.oup.com/ijrl/article/30/4/591/5310192)

141 Unter den alternativen Modellen ragt der Plan der beiden
     Oxford-Professoren Alexander Betts und Paul Collier heraus
     (*Refuge – Rethinking Refugee Policy in a Changing World,* New
     York 2017). In der Diagnose mit Hathaway weitgehend einig,
     fokussieren Betts und Collier stärker auf die Notwendigkeit
     von beruflichen Entwicklungsmöglichkeiten von Flüchtlingen,
     besonders in Städten. Sie schlagen deshalb Sonderentwicklungs-
     zonen vor. Sie bauen auf stärkere Veränderungen der globalen
     Institutionen, um ihren Plan umzusetzen, und wären eher
     bereit als Hathaway, den Flüchtlingsbegriff selbst zu verändern.

142 T. Alexander Aleinikoff, *The Unfinished Work of the Global
     Compact on Refugees.* In: International Journal of Refugee Law,

Vol. XX, No. XX, 8. Februar 2019, S. 4. (https://doi.org/10.1093/ ijrl/eey057). Der Autor beschreibt die Notwendigkeit »to protect forced migrants who do not come within the definition of ›refugee‹ in the 1951 Refugee Convention«.

143 Thomas Gammeltoft-Hansen, *The Normative Impact of the Global Compact on Refugees*. In: International Journal of Refugee Law, Vol. XX, No. XX, 8. Februar 2019, S. 5. (https://academic.oup.com/ ijrl/article/30/4/605/5310459); auf S. 3 schreibt der Autor: »The Compact may potentially play a *norm-creating* role, helping to formulate new principles or rules that may eventually pave the way for binding international law in the form of either custom or treaty.«

144 T. Alexander Aleinikoff, *The Unfinished Work of the Global Compact on Refugees*. In: International Journal of Refugee Law, Vol. XX, No. XX, 8. Februar 2019, S. 4. (https://doi.org/10.1093/ijrl/ eey057)

145 Die Europäische Union hat ihrerseits ohnehin schon die enge, auf die Verfolgung wegen Rasse, Religion, Nationalität, Zugehörigkeit zu einer bestimmten sozialen Gruppe oder wegen politischer Überzeugungen zielende Definition des Flüchtlingsstatus erweitert, indem sie Opfern kriegerischer Ereignisse den sogenannten subsidiären Schutz anbietet.

146 Auch wenn die Genfer Konvention durch eine Definitionserweiterung überlastet würde, könnte in Zukunft sehr wohl auf das spezifische Schicksal von Klimaflüchtlingen eingegangen werden, zum Beispiel durch noch zu beschließende regionale Mechanismen.

147 So ähnlich hat das übrigens schon Dag Hammarskjöld formuliert, der zweite Generalsekretär der Vereinten Nationen. Er sagte von seiner Organisation, dass sie »nicht gegründet wurde, um die Menschheit ins Himmelreich zu führen, sondern um sie vor der Hölle zu bewahren«, zitiert nach: Alexander Betts und Paul Collier, *Refuge – Rethinking Refugee Policy in a Changing World*. New York 2017, S. 11.

148 Vgl. Vincent Chetail, *Are Refuge Rights Human Rights? An Unorthodox Questioning of the Relations between Refugee Law and Human Rights Law*. In: Ruth Rubio-Marín (Hrsg.), *Human Rights and Immigration*. Oxford 2014, S. 24.

149 John Stewart Mill, *A Few Words on Non-Intervention*. Fraser's Magazine, London 1859. Hier zitiert aus: Foreign Policy Perspectives Nr. 8, Libertarian Alliance, London 2008. (http://www. libertarian.co.uk/lapubs/forep/forep008.pdf)

150 Tony Blair, *Doctrine of the International Community*. Speech at the

Chicago Economic Club. Chicago, 22. April 1999. (https://www.
globalpolicy.org/component/content/article/154/26026.html)

151 Dieser Begriff wird hier benutzt, wie ihn die NATO definiert
hat: »Eine humanitäre Intervention ist eine bewaffnete Intervention in einen anderen Staat, ohne die Zustimmung des
Staates, um gegen eine (drohende) humanitäre Katastrophe an-
zugehen, insbesondere bei schweren Verletzungen fundamenta-
ler Menschenrechte in großem Maßstab.« Wilfried Hinsch und
Dieter Janssen, *Menschenrechte militärisch schützen – Ein Plädoyer
für humanitäre Interventionen.* München 2006.

152 Zu den heute schwer erklärbaren Widersprüchen in Mills
Denken zählt die Tatsache, dass er das Interventionsverbot nur
auf »zivilisierte Staaten« bezog. Umfasst von der Geisteshaltung
des europäischen Imperialismus, hielt er Interventionen bei
den »Barbaren«, die wohl vornehmlich in Afrika und Asien zu
suchen waren, für vertretbar.

153 Mill sieht Ausnahmen, die das Prinzip der Nicht-Intervention
außer Kraft setzen, und solche, die Anlass geben, die Prinzipien
im Einzelfall zu missachten. Vgl. Michael W. Doyle, *A Few Words
on Mill, Walzer and Nonintervention.* In: Ethics and International
Affairs 23, Nr. 4, 2009. S. 349–369. (https://www.cambridge.org/
core/journals/ethics-and-international-affairs/article/few-words-
on-mill-walzer-and-nonintervention/0F4151159EF1DEFD733055
AA62096206)

154 Michael Walzer wird später darauf hinweisen, dass es zwischen
Intervention in einem Bürgerkrieg und humanitärer Interven-
tion wesentliche Unterschiede gibt. Walzer unternimmt es,
Mills Ausnahmenkatalog vom Interventionsverbot weiter zu
qualifizieren und einzuschränken. Vgl. Michael Walzer, *Just and
Unjust Wars.* New York 1977.

155 Michael Ignatieff, *The Ordinary Virtues – Moral Order in a Divided
World.* Cambridge 2017, S. 5.

156 Michael Ignatieff, *Is the Human Rights Era Ending?* In: The
New York Times, 5. Februar 2002. (https://www.nytimes.
com/2002/02/05/opinion/is-the-human-rights-era-ending.html)

157 Tony Blair, *Doctrine of the International Community.* Speech at the
Chicago Economic Club. Chicago, 22. April 1999. (https://www.
globalpolicy.org/component/content/article/154/26026.html)

158 So für Kanada, Australien, Frankreich, Großbritannien, die
Niederlande, Dänemark und Belgien. George R. Lucas, *Revisiting
armed humanitarian intervention: a 25-year retrospective.* In: Don E.
Scheid (Hrsg.), *The Ethics of Armed Humanitarian Intervention.*
Cambridge 2014, S. 26/27.; vgl. auch: Wilfried Hinsch und

Dieter Janssen, *Menschenrechte militärisch schützen – Ein Plädoyer für humanitäre Interventionen.* München 2006.

159 Diesen Punkt hat Tony Blair zehn Jahre nach seiner Rede einge-
räumt: »Ich glaubte damals, die Beseitigung eines despotischen
Regimes sei schon fast genug, um aus sich selbst heraus die
Bedingungen für Fortschritt zu kreieren.« Tony Blair, *Doctrine of
the International Community: Ten Years Later.* In: Yale Journal of
International Affairs, Frühjahr/Sommer 2009, S. 10. (http://yale-
journal.org/wp-content/uploads/2011/01/094201blair.pdf)

160 Paul E. Gallies, *Kosovo: Lessons Learned from Operation Allied Force.*
Congressional Research Service. Washington, 19. November
1999, S. 26. (https://www.hsdl.org/?view&did=451448)

161 Kofi Annan sprach zunächst 1998 von »zwei Konzepten der
Souveränität«, der »Souveränität der Staaten« und der »individuellen Souveränität«. Aus dieser Überlegung folgte der Auftrag an
eine Kommission, die später das Konzept der »Schutzverantwortung« entwickelte. Kofi Annan, *Intervention.* 35th Annual Ditchley Foundation Lecture. Ditchley Park, 26. Juni 1998. (https://
www.un.org/press/en/1998/19980626.sgsm6613.html)

162 Vgl. Don E. Scheid, *Introduction to Armed Humanitarian Intervention.* In: Don E. Scheid (Hrsg.), *The Ethics of Armed Humanitarian
Intervention.* Cambridge 2014, S. 13.

163 United Nations General Assembly, *2005 World Summit Outcome.*
New York, 15. September 2005, S. 31f. (www.globalr2p.org/
media/files/wsod_2005.pdf)

164 Mit Ausnahme Chinas intervenierten alle Mitglieder des
UN-Sicherheitsrates zwischen 1953 und 1989 mindestens
einmal im Ausland, und zwar in folgenden Ländern: DDR, Iran,
Guatemala, Ungarn, Ägypten (Suez), Gabun, Dominikanische
Republik, Tschechoslowakei, Tschad, Chile, Vietnam, Laos, Kam-
bodscha, Afghanistan, Zentralafrikanische Republik, Grenada,
Togo, Panama. Don E. Scheid, *Introduction to Armed Humanita-
rian Intervention.* In: Don E. Scheid (Hrsg.), *The Ethics of Armed
Humanitarian Intervention.* Cambridge 2014, S. 22.

165 George R. Lucas, *Revisiting armed humanitarian intervention –
A 25-year retrospective.* In: Don E. Scheid (Hrsg.), *The Ethics of
Armed Humanitarian Intervention.* Cambridge 2014, S. 40.

166 Die publizierte Kritik am R2P-Einsatz in Libyen ist vielfältig.
Beispielhaft sei hier genannt: David Rieff, *The End of Human
Rights? Learning from the failure of the Responsibility to Protect and
the International Criminal Court.* In: Foreign Policy, 9. April 2018.
(https://foreignpolicy.com/2018/04/09/the-end-of-human-rights-
genocide-united-nations-r2p-terrorism/)

167 Dass die Allianz keinen Plan für die Zeit nach dem Sturz des Diktators hatte, ist wohl der treffendste der Anwürfe. Dem Vorwurf der Planänderung hin zum Regimewechsel ist differenzierter zu betrachten. Einerseits müssten die Kritiker dartun, wie der Schutz der Bevölkerung *ohne* den Sturz des Diktators zu bewerkstelligen gewesen wäre. Andererseits müsste die Allianz die Frage beantworten, warum sie nicht schon vor dem Angriff wissen konnte, dass sie der Schutzverantwortung nur durch einen Regimewechsel gerecht werden könnte. Hier ist die Antwort eindeutig: Das Mandat des UN-Sicherheitsrates wäre kaum erteilt worden, wäre darin der Regimewechsel zum Ziel erklärt worden. Die treffendere Kritik bestünde also im trickreichen, aber langfristig schädlichen Umgang mit den Interventionsgegnern im UN-Sicherheitsrat, nicht aber im nachvollziehbaren Ziel des Regimewechsels.

168 Vgl. Tzvetan Todorov, *The responsibility to protect and the war in Libya.* In: Don E. Scheid (Hrsg.), *The Ethics of Armed Humanitarian Intervention.* Cambridge 2014, S. 50.

169 Es gibt allerdings Nachbarstaaten, die bei genozidalen Krisen eingreifen, wenn eigene Interessen berührt sind und eigenes Territorium angegriffen wird. Beispiele sind Tansanias Gegenangriff auf die Invasionstruppen Ugandas, der zum Sturz des Präsidenten und Massenmörders Idi Amin führte (1978) sowie Vietnams Offensive, um den Massenmörder Pol Pot in Kambodscha zu stürzen (1978). Dies geschah allerdings auch erst nach dem Eindringen kambodschanischer Truppen in Vietnam.

170 Guido Westerwelle, *Bedenke das Ende!* In: Süddeutsche Zeitung, 27. April 2011. (https://www.sueddeutsche.de/politik/libyen-einsatz-kritik-an-der-deutschen-position-bedenke-das-ende-1.1076441)

171 *Pressestatement von Bundeskanzlerin Angela Merkel zur aktuellen Entwicklung in Libyen.* 18. März 2011. (https://www.bundeskanzlerin.de/bkin-de/aktuelles/pressestatement-von-bundeskanzlerin-angela-merkel-zur-aktuellen-entwicklung-in-libyen-842900)

172 Severin Weiland, *Westerwelles peinliche Libyen-Show.* In: Spiegel Online, 23. August 2011. (https://www.spiegel.de/politik/deutschland/deutsche-aussenpolitik-westerwelles-peinliche-libyen-show-a-781813.html)

173 Christian Hacke, *Deutschland und der Libyen-Konflikt: Zivilmacht ohne Zivilcourage.* In: Aus Politik und Zeitgeschichte, 39/2011. (www.bpb.de/apuz/33124/deutschland-und-der-libyen-konflikt-zivilmacht-ohne-zivilcourage-essay?p=all)

174 Tony Blair, *Doctrine of the International Community.* Speech at the

Chicago Economic Club. Chicago, 22. April 1999. (https://www.globalpolicy.org/component/content/article/154/26026.html)

175 Vgl. Shadi Hamid, *Is a Better World Possible Without U.S. Military Force?* In: The Atlantic, 18. Oktober 2016. (https://www.theatlantic.com/international/archive/2016/10/american-intervention-syria/504512)

176 Robert Kagan und William Kristol, *What to Do About Iraq.* In: The Weekly Standard. 21. Januar 2002. (https://www.weeklystandard.com/robert-kagan-and-william-kristol/what-to-do-about-iraq-2064)

177 Vgl. Joseph S. Nye, *The rise and fall of American hegemony from Wilson to Trump.* International Affairs, Vol. 95, Januar 2019, S. 63 und 80. (https://academic.oup.com/ia/article/95/1/63/5273551)

178 Vgl. H. R. McMaster und Gary D. Cohn, *America First Does Not Mean America Alone.* In: The Wall Street Journal, 31. Mai 2017. (https://www.wsj.com/articles/america-first-doesnt-mean-america-alone-1496187426)

179 Barack Obama, *Remarks to the United Nations General Assembly.* New York 2013. (https://www.gpo.gov/fdsys/pkg/DCPD-201300655/html/DCPD-201300655.htm)

180 Vgl. Michael Walzer, *Just and Unjust Wars: A Moral Argument with Historical Illustrations.* New York 1977, Kapitel 6.

181 Vgl. Harold H. Koh, *The War Power and Humanitarian Intervention.* Faculty Scholarship Series. Yale Law School. New Haven 2016. (http://digitalcommons.law.yale.edu/fss_papers/5207)

182 Vgl. Philip P. Pan, *The Land that Failed to Fail.* In: New York Times, 18. November 2018. (https://www.nytimes.com/interactive/2018/11/18/world/asia/china-rules.html)

183 *President Clinton's speech on the China Trade Bill.* In: New York Times, 9. März 2000. (http://movies2.nytimes.com/library/world/asia/030900clinton-china-text.html)

184 *George W. Bush's speech in Washington State.* In: New York Times, 18. Mai 2000. (https://archive.nytimes.com/www.nytimes.com/library/world/asia/051800bush-text.html)

185 *President Clinton's speech on the China Trade Bill.* In: New York Times, 9. März 2000. (http://movies2.nytimes.com/library/world/asia/030900clinton-china-text.html)

186 Joseph S. Nye, *Should China be »contained«?* In: Project Syndicate, 4. Juli 2011. (https://www.project-syndicate.org/commentary/should-china-be–contained?barrier=accesspaylog)

187 Zitiert nach: Thorsten Benner, *Merkels China-Illusion.* In: Süddeutsche Zeitung, 11. Juli 2016. (https://www.sueddeutsche.de/politik/aussenansicht-merkels-china-illusion-1.3073375)

188 Katherine Rushton, *China overtakes US to become world's biggest goods trading nation.* In: The Telegraph, 10. Januar 2014. (https://www.telegraph.co.uk/finance/economics/10565166/China-overtakes-US-to-become-worlds-biggest-goods-trading-nation.html)

189 Das war schon ab 2007 so. Vgl. Robyn Meredith, *The Elephant and the Dragon – The Rise of India and China and What It Means for All of Us.* New York 2007, S. 16.

190 Kurt M. Campbell und Ely Ratner, *The China Reckoning – How Beijing Defied American Expectations.* In: Foreign Affairs, 13. Februar 2018. (https://www.foreignaffairs.com/articles/china/2018-02-13/china-reckoning)

191 Angaben des Statistischen Bundesamtes. Zitiert nach: Wissenschaftlicher Dienst des Deutschen Bundestages, *Handelsbeziehungen zwischen Deutschland und China. Dokumentation* WD 5 – 3000 – 040/18 vom 7. März 2018, S. 2. (https://www.bundestag.de/blob/550300/f2016ffdea5d80e8d5825afa/wd-5-040-18-pdf-data.pdf)

192 Bernhard Zand, *Messer am Hals – Die USA und China riskieren einen Jahrhundert-Konflikt.* In: Der Spiegel, 1/2019. (https://magazin.spiegel.de/SP/2019/1/161578457/index.html)

193 Robert B. Zoellick, *Whither China? – From Membership to Responsibility. Remarks to the National Committee on US-China Relations.* 21. September 2005. (https://www.ncuscr.org/sites/default/files/migration/Zoellick_remarks_notes06_winter_spring.pdf); Zoellick trug das »Responsible Stakeholder«-Argument als Stellvertretender Außenminister der Vereinigten Staaten besonders eloquent vor.

194 William H. Overholt, *The West is getting China wrong.* In: East Asia Forum, 11. August 2018. (http://www.eastasiaforum.org/2018/08/11/the-west-is-getting-china-wrong/)

195 Vgl. Keith Bradsher und Li Yuan, *China's Economy became No. 2 by Defying No. 1.* In: New York Times, 25. November 2018. (https://www.nytimes.com/interactive/2018/11/25/world/asia/china-economy-strategy.html)

196 John L. Thornton, *Long Time Coming – The Prospects for Democracy in China.* In: Foreign Affairs, Januar/Februar 2008. (https://www.foreignaffairs.com/articles/asia/2008-01-01/long-time-coming)

197 Vgl. Gideon Rachman, *Bejing, Berlin and the two 1989s.* In: Financial Times, 3. Juni 2019. (https://www.ft.com/content/b125bcb6-85d6-11e9-a028-86cea8523dc2)

198 Vgl. Gary J. Schmitt, *The China Dream. Their Goals and Ours.* In: The American Interest, 7. Februar 2019. (https://www.the-

american-interest.com/2019/02/07/the-china-dream-their-goals-and-ours/)

199 *How the West got China wrong.* In: The Economist, 1. März 2018. (https://www.economist.com/briefing/2018/03/01/decades-of-optimism-about-chinas-rise-have-been-discarded)

200 *President Clinton's speech on the China Trade Bill.* In: New York Times, 9. März 2000. (http://movies2.nytimes.com/library/world/asia/030900clinton-china-text.html)

201 Vgl. Kai Strittmatter, *Die Neuerfindung der Diktatur: Wie China den digitalen Überwachungsstaat aufbaut und uns damit herausfordert.* München 2018.

202 *Partner und systemischer Wettbewerber – Wie gehen wir mit Chinas staatlich gelenkter Volkswirtschaft um?* Grundsatzpapier China des Bundesverbandes der Deutschen Industrie. Januar 2019. (https://e.issuu.com/embed.html#2902526/66953848). Das Grundsatzpapier ist in der deutschen Wirtschaft umstritten und wird zum Beispiel vom Deutschen Industrie- und Handelskammertag (DIHK) kritisiert: »Mit dem BDI-Positionspapier zu China wird ein anderer Zungenschlag in die Diskussion gebracht.« In: Manager-Magazin, 10. Januar 2019. (http://www.manager-magazin.de/politik/weltwirtschaft/deutsche-wirtschaft-streitet-um-china-a-1247410.html). Auch herrscht keine Einigkeit darüber, ob die Konvergenztheorie weiterhin haltbar ist. »Die Strategie Wandel durch Handel ist nicht gescheitert«, schreibt etwa: Lea Deuber, *China – Freundchen.* In: Süddeutsche Zeitung, 14. Januar 2019. (https://www.sueddeutsche.de/politik/china-freundchen-1.4285819)

203 Als Reaktion auf die Politik Xi Jinpings begann das Umdenken in Washington schon während der Regierung Barack Obamas, aber erst die Selbsterhebung zum Herrscher auf Lebenszeit (2018) wirkte katalytisch.

204 *Donald Trump's Jobs Plan Speech.* In: Politico, 28. Juni 2016. (https://www.politico.com/story/2016/06/full-transcript-trump-job-plan-speech-224891)

205 Vgl. Keith Bradsher and Li Yuan, *China's Economy became No. 2 by Defying No. 1.* In: New York Times, 25. November 2018. (https://www.nytimes.com/interactive/2018/11/25/world/asia/china-economy-strategy.html)

206 Kenneth F. Scheve und Matthew J. Slaughter, *How to Save Globalization.* In: Foreign Affairs, November/Dezember 2018. (https://www.foreignaffairs.com/articles/united-states/2018-10-15/how-save-globalization). Die Angaben beziehen sich auf die Jahre 2000 bis 2007; vgl. auch: Daron Acemoglu et. al., *Import*

Competition and the Great US Employment Sag of the 2000s. Journal of Labor Economics, 2016. (https://economics.mit.edu/files/9811)

207 Vgl. *Testimony of Jennifer Hillman before the U.S.-China Economic Review Security Commission, Hearing on U.S. Tools to Address Chinese Market Distortions.* Washington, 8. Juni 2018. (https:// www.uscc.gov/sites/default/files/Hillman%20Testimony%20 US%20China%20Comm%20w%20Appendix%20A.pdf); vgl. auch: *Partner und systemischer Wettbewerber – Wie gehen wir mit Chinas staatlich gelenkter Volkswirtschaft um?* Grundsatzpapier China des Bundesverbandes der Deutschen Industrie, Januar 2019. (https://e.issuu.com/embed.html#2902526/66953848)

208 *President Clinton's speech on the China Trade Bill.* In: New York Times, 9. März 2000. (http://movies2.nytimes.com/library/world/ asia/030900clinton-china-text.html)

209 Zu einem ähnlichen Ergebnis ist Henry Kissinger gekommen, der Altmeister der amerikanischen Diplomatie. An einem Wochenende im August 2017 empfing er Steve Bannon, den damaligen Chefstrategen von Präsident Donald Trump. Nach übereinstimmenden Berichten über das Treffen waren beide über die Herausforderungen einig, die der chinesische Aufstieg bieten würde. Aber was daraus für die Vereinigten Staaten folgen solle, war umstritten. Kissinger betrachtete Bannons Denken als zu konfrontativ; Mark Landler, *The Road to Confrontation – The U.S. adopts a hard line against China, and an era of engagement recedes into the past.* In: The New York Times, 25. November 2018. (https://www.nytimes.com/interactive/2018/11/25/world/asia/china-us-confrontation.html)

210 Markus Brunnermeier, Rush Doshi und Harold James, *Beijing's Bismarckian Ghosts: How Great Powers Compete Economically.* In: Washington Quarterly, Herbst 2018. (https://www.tandfonline. com/doi/abs/10.1080/0163660X.2018.152057); vgl. auch: Minxin Pei, *The High Costs of the New Cold War.* In: Project Syndicate, 14. März 2019. (https://www.project-syndicate.org/commentary/ cold-war-us-china-trade-allies-by-minxin-pei-2019-03)

211 Ähnlich argumentiert Karl-Heinz Paque, Professor für Volkswirtschaftslehre an der Universität Magdeburg und Vorstandsvorsitzender der Friedrich-Naumann-Stiftung. Er spricht von einem »wirtschaftspolitisch wehrhaften Liberalismus« zur Verteidigung der Welthandelsordnung. Karl-Heinz Paque, *Der Westen muss China die Stirn bieten.* In: Handelsblatt, 13. Januar 2019. (https://www.handelsblatt.com/meinung/gastbeitraege/gast-kommentar-der-westen-muss-china-die-stirn-bieten/23855818. html?ticket=ST-882172-Og6HoGVxvIEhPcTuYugW-ap3); vgl. auch

Stefan Kornelius, *Warum Europa die Rivalität mit China braucht.* In: Süddeutsche Zeitung, 26. März 2019. (https://www.sueddeutsche.de/politik/china-eu-konflikte-1.4381924)

212 Gerade in Deutschland ist der Glaube an Wandel durch Annäherung und andere klassische Rezepturen zur Förderung demokratischer Transformation in China ungebrochen, vgl. zum Beispiel bei: Volker Stanzel, *Die ratlose Außenpolitik.* Bonn 2019, S. 236.

213 *Testimony of Jennifer Hillman before the U.S.-China Economic Review Security Commission, Hearing on U.S. Tools to Address Chinese Market Distortions.* Washington, 8. Juni 2018. (https://www.uscc.gov/sites/default/files/Hillman%20Testimony%20US%20China%20Comm%20w%20Appendix%20A.pdf)

214 Ebenda.

215 *Testimony of Robert E. Lighthizer Before the U.S. Senate Committee on Finance. Washington*, 12. März 2019. (https://www.finance.senate.gov/imo/media/doc/ARL%20Finance%20Testimony%20March%202019%203.12.2019%20FINAL.pdf). Der Handelsbeauftragte Lighthizer bekennt sich zwar zur WTO, greift sie aber zugleich massiv an.

216 Unter der Führung von Präsident Trump könnte das sogar schon früher geschehen. Wie Stewart Patrick schreibt, wäre das nicht nur ein »außergewöhnliches Versagen« der Politik eines Landes, das »den Gründungsprozess der WTO anführte und nicht weniger als 91 % der Fälle gewonnen hat, die es vor den Streitschlichtungsausschuss der WTO brachte«. Auch besteht die Möglichkeit, dass die Vereinigten Staaten den Streitschlichtungsmechanismus der WTO quasi lahmlegen, indem sie keine weiteren Richterernennungen mehr zulassen. Siehe: Stewart Patrick, *World Order is Starting to Crack.* In: Foreign Policy, 25. Juli 2018. (https://foreignpolicy.com/2018/07/25/the-world-order-is-starting-to-crack/)

217 Harry G. Broadman, *The Coalition-Based Trade Strategy Trump Should Pursue Toward China.* In: Forbes, 9. April 2018. (https://www.forbes.com/sites/harrybroadman/2018/04/09/the-coalition-based-trade-strategy-trump-should-pursue-toward-china/#2903bad97b9e)

218 Andrew Small, *Why Europe is Getting Tough on China.* In: Foreign Affairs, 3. April 2019. (https://www.foreignaffairs.com/articles/china/2019-04-03/why-europe-getting-tough-china)

219 Vgl. auch: *Partner und systemischer Wettbewerber – Wie gehen wir mit Chinas staatlich gelenkter Volkswirtschaft um?* Grundsatzpapier China des Bundesverbandes der Deutschen Industrie. Januar

2019. (https://e.issuu.com/embed.html#2902526/66953848);
vgl. auch das 10-Punkte-Papier der EU-Kommission vom März
2019, das für »ausgewogenere und stärker auf Gegenseitigkeit
beruhende wirtschaftliche Beziehungen« plädiert und von China fordert, »den bestehenden gemeinsamen Verpflichtungen
nachzukommen«. *EU-Kommission überprüft Beziehungen zu China
und schlägt 10 Maßnahmen vor.* Brüssel, 12. März 2019. (https://
ec.europa.eu/germany/news/20190312-eu-kommission-ueber-
prueft-beziehungen-zu-china-und-10-massnahmen_de)

220 Daniel Rosen, *Is a Trade War the Only Option?* In: Foreign Affairs,
20. März 2018. (https://www.foreignaffairs.com/articles/china/
2018-03-20/trade-war-only-option); Derek Scissors und Daniel
Blumenthal, *China Is a Dangerous Rival, and America Should Treat
It Like One.* In: New York Times, 15. Januar 2019. (https://www.
nytimes.com/2019/01/14/opinion/us-china-trade.html). Andere
Chinaexperten in den Vereinigten Staaten bezweifeln, dass
»Decoupling« erfolgreich sein kann. So fragt Minxin Pei, ob
Amerika bereit sein wird, die ökonomischen Kosten für den
Wettbewerb mit China zu tragen. Und noch fraglicher erscheint
Pei, ob Amerikas europäische Alliierte dazu bereit wären.
Ihnen fehle der geopolitische Anreiz zum Machtwettbewerb,
da sie keine sicherheitspolitische Bedrohung durch China
wahrnähmen. Minxin Pei, *The High Cost of the New Cold War.* In:
Project Syndicate, 14. März 2019. (https://www.project-syndicate.
org/commentary/cold-war-us-china-trade-allies-by-minxin-
pei-2019-03)

221 Vgl. Martin Wolf, *The challenge of one world, two systems.* In:
Financial Times, 29. Januar 2019. (https://www.ft.com/content/
b20a0d62-23b1-11e9-b329-c7e6ceb5ffdf)

222 Wäre am Ende ein großer Teil der chinesischen Bevölkerung
davon überzeugt, der Westen wolle ihr Wohlstand vorenthalten,
wird die Abneigung grenzenlos sein. Vgl. Martin Wolf, *The
challenge of one world, two systems.* In: Financial Times, 29. Januar
2019. (https://www.ft.com/content/b20a0d62-23b1-11e9-b329-
c7e6ceb5ffdf)

223 Vgl. Thomas Bagger, *The World According to Germany. Reassessing
1989.* In: Washington Quarterly, Winter 2019, S. 53–63. (https://
www.tandfonline.com/doi/abs/10.1080/0163660X.2018.1558609)

224 Bonmot von Verteidigungsminister Volker Rühe aus den 1990er
Jahren.

225 Vgl. Udo di Fabio, *Europa zwischen Trump und Putin. Wenn wir
das künftige Weltgeschehen nicht nur als Zaungäste verfolgen
wollen, müssen wir dem pragmatischen Imperativ folgen.* In: Cicero,

12/2016, S. 30 ff. Di Fabio schreibt: »Es herrschte allzu lange der naive Glaube, dass die Kombination von universellen Menschenrechten und globaler Marktwirtschaft gleichsam naturgesetzlich die ›eine Welt‹ hervorbringt: friedlich, harmonisch, ökologisch, gerecht.«

226 Timothy Snyder, *Moskau hat den Präsidenten der USA ausgewählt.* In: Der Tagesspiegel, 28. Oktober 2018. (https://www.tagesspiegel.de/politik/us-historiker-snyder-im-interview-moskau-hat-den-praesidenten-der-usa-ausgewaehlt/23238252.html)

227 Vgl. Heinrich August Winkler, *Macht, Moral und Menschenrechte.* In: Internationale Politik, Juli/August 2013, S. 120.

228 Vgl. Heinrich August Winkler, *Geschichte des Westens.* Bd. IV. München 2015. Siehe auch: Heinrich August Winkler, *Was den Westen zusammenhält.* In: Frankfurter Allgemeine Zeitung, 22. September 2015. (https://www.faz.net/aktuell/politik/inland/heinrich-august-winkler-was-den-westen-zusammenhaelt-13815991.html)

229 Vgl. David Goodhart, *»Postliberalismus« oder ein Plädoyer für einen populären Liberalismus.* Internationale Politikanalyse. Friedrich-Ebert-Stiftung, Berlin 2015. (https://library.fes.de/pdf-files/id/ipa/12384.pdf)

230 *President Obama Marks the 50th Anniversary of the Marches from Selma to Montgomery.* In: The White House, Online Archive, 8. März 2015. (https://obamawhitehouse.archives.gov/blog/2015/03/08/president-obama-marks-50th-anniversary-marches-selma-montgomery). Deutsche Übersetzung unter: (http://www.ag-friedensforschung.de/regionen/USA1/selma-rede.html)

Körber
Stiftung

Gesellschaft
besser machen

Mehr erfahren: www.koerber-stiftung.de
Mehr erleben: www.koerberforum.de
Mehr lesen: www.edition-koerber.de

Mehr Bäume.
Weniger CO$_2$.

www.cpibooks.de/klimaneutral

MIX
Papier aus verantwor-
tungsvollen Quellen
FSC® C083411